APRENDIZAJE AUTOMÁTICO

CON PYTHON

Guía completa para principiantes sobre aprendizaje automático en Python con ejercicios y estudios de casos

TABLA DE CONTENIDO

Introducción

Quiero agradecerle por haber elegido este libro, 'Aprendizaje automático con Python: Guía completa para principiantes del aprendizaje automático en Python con ejercicios y estudios de casos'.

Hay diferentes procesos que están incluidos dentro del significado del término "aprendizaje". Si se refiere a un diccionario y busca el significado de aprendizaje, entonces se encontrará con diferentes frases como "para adquirir conocimiento, comprensión o habilidad, a través de estudio, experiencia o instrucción"y" el cambio en las tendencias de comportamiento a través de la experiencia ".

La forma en que los psicólogos estudian el proceso de aprendizaje en seres humanos, este libro lo ayudará a comprender el proceso de aprendizaje en las máquinas.

El aprendizaje animal y el aprendizaje automático pueden parecer dos esferas no relacionadas, pero están entrelazadas. Un par de técnicas utilizadas en el aprendizaje automático se derivan de ciertas técnicas utilizadas en el aprendizaje humano. Además, todos los avances y descubrimientos en el aprendizaje automático pueden ayudar a comprender ciertos aspectos del aprendizaje biológico.

Si lo mira de manera superficial, con respecto a las máquinas, es seguro decir que cualquier cambio en la estructura de la máquina, los datos almacenados en la memoria o su composición de datos, con el fin de mejorar la eficiencia y la eficacia de la máquina. El rendimiento es un signo innegable de aprendizaje en una máquina. Cuando comienza a profundizar en este tema, solo un par de estos cambios se pueden clasificar como aprendizaje automático. Por ejemplo, veamos una máquina que ayuda a generar previsiones meteorológicas en una determinada región durante un par de semanas. Si los datos relacionados con el clima de la región en el año anterior se ingresan en la memoria de la máquina, entonces la máquina puede aprender de esta entrada y le permite generar predicciones meteorológicas más precisas. Esta es una instancia de aprendizaje automático.

En este libro, aprenderá sobre el aprendizaje automático utilizando Python. La información que se proporciona en cada uno de los capítulos mejorará su comprensión de la programación de aprendizaje automático mediante Python. Los códigos de muestra junto con los estudios de caso le permitirán probar su conocimiento.

¡Comencemos sin más!

CAPÍTULO
UNO

¿Qué es el aprendizaje automático?

Vivimos en un mundo donde la tecnología se ha convertido en una parte inalienable de nuestra vida cotidiana. De hecho, con todos los rápidos cambios en la tecnología en estos días, las máquinas habilitadas con inteligencia artificial ahora son responsables de diferentes tareas como la predicción, el reconocimiento, el diagnóstico, etc.

Los datos se agregan o ingresan a las máquinas y estas máquinas "aprenden" de estos datos. Estos datos se conocen como datos de entrenamiento porque se usan literalmente para entrenar las máquinas.

Una vez que las máquinas tienen estos datos, comienzan a analizar los patrones presentes dentro de los datos y luego realizan acciones basadas en estos patrones. Las máquinas utilizan diversos mecanismos de aprendizaje para analizar los datos de acuerdo con las acciones que deben realizar. Estos mecanismos pueden clasificarse ampliamente en dos categorías: aprendizaje supervisado y aprendizaje no supervisado.

Podría preguntarse por qué no hay máquinas diseñadas únicamente con el fin de realizar aquellas tareas que son necesarias para llevar a cabo. Hay diferentes razones por las que el aprendizaje automático es importante. Como ya se mencionó, todas las investigaciones realizadas sobre el aprendizaje automático son útiles ya que nos ayudan a comprender un par de aspectos del aprendizaje humano. Además, el aprendizaje automático es esencial porque ayuda a aumentar la precisión, la eficacia y la eficiencia de las máquinas.

Aquí hay un ejemplo de la vida real que te ayudará a entender mejor este concepto.

Asumamos que hay dos usuarios aleatorios A y B que aman escuchar música y tenemos acceso a su historial de canciones. Si era una compañía de música, puede utilizar el aprendizaje automático para comprender el tipo de canciones que prefiere cada uno de estos usuarios y, por lo tanto, puede idear diferentes formas en que puede venderles sus productos.

Por ejemplo, tiene acceso a anotar los diferentes atributos de las canciones, como el tempo, la frecuencia o el género de la voz, y luego usar todos estos atributos y trazar un gráfico. Una vez que traza un gráfico, con el tiempo, se hará evidente que A tiende a escuchar canciones que tienen un tempo rápido y son cantadas por artistas masculinos, mientras que a B le gusta escuchar canciones lentas de artistas femeninas o cualquier otra. visión similar. Una vez que obtenga estos datos, puede transferirlos a sus equipos de marketing y publicidad para tomar mejores decisiones sobre los productos.

En la actualidad, tenemos acceso gratuito a todos los datos históricos que se han recopilado desde el advenimiento de la tecnología. No solo tenemos acceso a estos datos, sino que ahora podemos almacenar y procesar cantidades tan grandes de datos. La tecnología ciertamente ha evolucionado, y ha recorrido un largo camino cuando nos fijamos en la forma en que ahora podemos manejar tales operaciones. La tecnología es tan refinada en estos días que proporciona acceso a más datos de los que puedo extraer.

Aquí hay un par de otras razones por las que el aprendizaje automático es importante.

Incluso con todo el progreso que los ingenieros siguen haciendo, siempre habrá algunas tareas que no se pueden definir explícitamente.

Hay algunas tareas que deben explicarse a las máquinas con la ayuda de ejemplos. La idea es entrenar la máquina con la entrada de datos y luego enseñarla a procesarla para producir una salida. De esta manera, la máquina estará al tanto de la manera en que necesita lidiar con entradas de datos similares en el futuro y procesarlos en consecuencia para generar las salidas apropiadas.

El campo del aprendizaje automático y la minería de datos están entrelazados. La minería de datos se refiere al proceso de revisar toneladas de datos para encontrar cualquier correlación o relación importante que exista. Este es otro beneficio del aprendizaje automático en el sentido de que ayuda a las máquinas a encontrar cualquier información vital.

Hay numerosas ocasiones en las que no es posible que los humanos diseñen máquinas sin tener una estimación precisa de las condiciones dentro de las cuales funcionarán tales máquinas.

Las condiciones externas tienden a tener un efecto importante en el rendimiento de la máquina. En tales situaciones, el aprendizaje automático ayuda a que la máquina se aclimate a su entorno para garantizar un rendimiento óptimo. También ayuda a la máquina a adaptarse fácilmente a cualquier cambio en el entorno sin afectar su rendimiento.

Existe otro problema si alguien tiene que codificar un proceso extremadamente complejo en la máquina, y es probable que el programador se pierda algunos detalles. Si hay algún error manual, entonces es bastante tedioso codificar todos los detalles de nuevo. En tales casos, es mejor permitir que la máquina aprenda el proceso.

El mundo de la tecnología está en un flujo constante de cambios y los cambios también tienen lugar en los idiomas utilizados. No es práctico seguir rediseñando los sistemas nuevamente para acomodar todos los cambios posibles. En cambio, el aprendizaje automático ayuda a que la máquina se aclimate automáticamente a todos los cambios.

Aplicaciones del Aprendizaje Automático.

El aprendizaje automático está cambiando drásticamente la forma en que operan las empresas en estos días. Ayuda a operar una gran escala de datos disponibles y permite a los usuarios dibujar predicciones útiles basadas en la información dada.

Hay ciertas tareas manuales que no se pueden completar en un corto período de tiempo cuando se trata de grandes cantidades de datos. El aprendizaje automático es la respuesta a tales problemas. En los tiempos actuales, estamos sobrecargados de datos e información y no hay una forma física en la que alguien pueda procesar toda esta información. Por lo tanto, existe una gran necesidad de un proceso automatizado y el aprendizaje automático ayuda a lograr este objetivo.

Cuando los procesos de análisis y descubrimiento están completamente automatizados, se vuelve más sencillo obtener información útil. Esto ayuda a hacer que todos los procesos futuros sean completamente automatizados. El mundo del big data, el análisis de negocios y la ciencia de datos requieren aprendizaje automático. El análisis predictivo y la inteligencia de negocios ya no están restringidos solo a las empresas de élite y ahora también son accesibles a las pequeñas empresas y las empresas. Esto brinda a las pequeñas empresas la oportunidad de ser parte del proceso de recopilación y utilización efectiva de la información. Veamos un par de aplicaciones técnicas del aprendizaje automático y veamos cómo se aplican a los problemas del mundo real.

Asistentes personales virtuales

Ejemplos populares de asistentes virtuales disponibles en la actualidad son Alexa, Siri y Google Now. Como es obvio por el nombre, ayudan al usuario a encontrar la información necesaria a través de comandos de voz. Simplemente necesita activarlo y luego formular la pregunta que desee, "¿Cuál es mi horario para el día?" "¿Cuáles son los vuelos disponibles entre Londres y Alemania?" O cualquier otra pregunta que desee.

7

Para responder a su pregunta, su asistente personal buscará información, recordará la pregunta que hizo y luego le dará una respuesta. También se puede utilizar para configurar recordatorios para ciertas tareas. El aprendizaje automático es una parte importante del proceso, ya que le permite al sistema recopilar y refinar la información que necesita en función de cualquiera de sus implicaciones anteriores.

Estimación de densidad

El aprendizaje automático permite que el sistema utilice los datos disponibles para sugerir productos similares. Por ejemplo, si fuera a recoger una copia de Orgullo y prejuicio de una librería y luego la ejecutara en una máquina, entonces el aprendizaje automático lo ayudará a determinar la densidad de las palabras y creará otros libros que sean similares a Orgullo y Perjudicar.

Variables latentes

Cuando trabaje con variables latentes, la máquina utilizará la agrupación en clústeres para determinar si alguna de las variables presentes está relacionada entre sí o no. Esto es útil cuando no está seguro de la razón que causó el cambio en las variables y no es consciente de la relación entre las variables. Cuando se trata de una gran cantidad de datos, es más fácil buscar variables latentes porque ayuda a una mejor comprensión de los datos así obtenidos.

Reducción de la dimensionalidad

Generalmente, los datos que se obtienen tienden a tener algunas variables y dimensiones. Si hay más de tres dimensiones involucradas, entonces no es posible que la mente humana visualice esos datos. En tales situaciones, el aprendizaje automático ayuda a reducir estos datos en proporciones manejables para que el usuario pueda comprender fácilmente la relación entre cualquier variable.

Los modelos de aprendizaje automático capacitan a las máquinas para aprender de todos los datos disponibles y ofrecen diferentes servicios como predicción o clasificación que, a su vez, tienen múltiples aplicaciones de la vida real, como autos que conducen por sí mismos, la capacidad de los teléfonos inteligentes para reconocer la cara del usuario o la forma en el que Google Home o Alexa pueden reconocer su acento y voz y la forma en que mejora la precisión de las máquinas si han estado aprendiendo durante más tiempo.

Ventajas y desventajas del aprendizaje automático

Las desventajas del aprendizaje automático son:

1. En el aprendizaje automático, siempre entrenamos el modelo y luego lo validamos en un pequeño conjunto de datos. Luego usamos ese modelo para predecir el resultado de algunos datos nuevos o no vistos. Le resultará difícil identificar si hubo un sesgo en el modelo que ha creado. Si no puede identificar el sesgo, sus inferencias serán incorrectas.

2. Algunos científicos sociales comenzarán a confiar solo en el aprendizaje automático. Es importante recordar que se deben realizar mejoras en algunas tareas de aprendizaje automático no supervisadas.

Algunas de las ventajas del aprendizaje automático son:

1. Los seres humanos no pueden procesar grandes volúmenes de datos, y mucho menos analizar esos datos. Se está produciendo una gran cantidad de datos en tiempo real, y si no hay un sistema automático para entender y analizar esos datos, no podemos llegar a ninguna conclusión.

2. El aprendizaje automático definitivamente está mejorando. Con la llegada de los sistemas de aprendizaje profundo, los costos de la ingeniería de datos y el preprocesamiento de datos se están reduciendo.

DOS

Aprendizaje Automático - Conceptos y Términos

Como se mencionó en el capítulo anterior, el aprendizaje automático es el proceso por el cual un ingeniero entrena una máquina para realizar acciones que los seres humanos son buenos para hacer. Esto se hace alimentando a la máquina con conjuntos de datos de entrenamiento relevantes. Los sistemas ordinarios, es decir, los sistemas sin inteligencia artificial siempre pueden proporcionar una salida basada en la entrada que se proporciona al sistema. Sin embargo, un sistema con inteligencia artificial puede aprender, predecir y mejorar los resultados que proporciona a través de la capacitación.

Veamos un ejemplo simple de cómo los niños aprenden a identificar objetos, o en otras palabras, cómo un niño asociará una palabra con un objeto. Supongamos que hay un tazón de manzanas y naranjas en la mesa. Usted, como adulto o padre, introducirá el objeto redondo y rojo como una manzana, y el otro objeto como una naranja. En este ejemplo, las palabras manzana y naranja son etiquetas, y las formas y los colores son atributos. También puede entrenar una máquina usando un conjunto de etiquetas y atributos.

La máquina aprenderá a identificar el objeto basándose en los atributos que se le proporcionan como entrada.

Los modelos que se basan en conjuntos de datos de entrenamiento etiquetados se denominan modelos de aprendizaje automático supervisado. Cuando los niños van a la escuela, sus maestros y profesores les dan algunos comentarios sobre su progreso. De la misma manera, un modelo de aprendizaje automático supervisado permite al ingeniero proporcionar información a la máquina.

Tomemos un ejemplo de una entrada [rojo, redondo]. Aquí, tanto el niño como la máquina entenderán que cualquier objeto que sea redondo y rojo es una manzana. Ahora coloquemos una pelota de cricket frente a la máquina o al niño. Puede alimentar a la máquina con la respuesta negativa 1 o 0 dependiendo de si la predicción es incorrecta o correcta. Siempre puedes agregar más atributos si es necesario. Esta es la única forma en que una máquina aprenderá. También es por esta razón que si utiliza un gran conjunto de datos de alta calidad y pasa más tiempo entrenando la máquina, la máquina le dará resultados mejores y más precisos.

Este es un modelo de clasificación simple para cualquier sistema de aprendizaje automático. En los siguientes capítulos, aprenderemos más sobre un sistema complejo y algunos conceptos que le explicarán cómo una máquina puede diferenciar entre una pelota de cricket y una manzana, aunque ambos objetos son redondos y rojos.

Antes de continuar, se debe comprender la diferencia entre los conceptos de inteligencia artificial de aprendizaje automático y aprendizaje profundo. La mayoría de las personas usa estos conceptos de manera intercambiable, pero es importante saber que no son lo mismo.

Aprendizaje automático, inteligencia artificial y aprendizaje profundo.

El siguiente diagrama le dará una idea de cómo se relacionan estos términos.

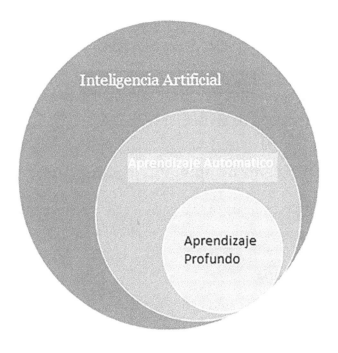

Imagen: una ilustración para comprender la relación entre Aprendizaje automático, Inteligencia artificial y Aprendizaje profundo.

La inteligencia artificial es una técnica que se utiliza para hacer que las máquinas imiten cualquier comportamiento humano. El objetivo es garantizar que una máquina pueda imitar con precisión y eficiencia cualquier comportamiento humano. Algunos ejemplos de máquinas de inteligencia artificial incluyen ajedrez azul profundo y Watson de IBM.

El aprendizaje automático, como se definió anteriormente, es el uso de modelos estadísticos y matemáticos para ayudar a las máquinas aprendidas a imitar el comportamiento humano. Esto se hace utilizando datos del pasado.

El aprendizaje profundo es un subconjunto del aprendizaje automático, y se refiere a las funciones y algoritmos que un ingeniero utiliza para ayudar a una máquina a entrenarse. La máquina puede aprender a tomar la opción correcta para derivar una salida. Las redes neuronales y el procesamiento del lenguaje natural son parte del ecosistema de aprendizaje profundo.

Objetivos del sistema de aprendizaje automático.

El sistema de aprendizaje automático suele tener uno de los siguientes objetivos.

Predecir una categoría

El modelo de aprendizaje automático ayuda a analizar los datos de entrada y luego predice una categoría bajo la cual caerá la salida. La predicción en tales casos suele ser una respuesta binaria que se basa en "sí" o "No". Por ejemplo, ayuda con respuestas como "¿lloverá hoy o no?" "¿Es esto una fruta? spam o no? "y así sucesivamente. Esto se logra al hacer referencia a un grupo de datos que indicarán si un determinado correo electrónico se incluye en la categoría de spam o no en función de palabras clave específicas. Este proceso se conoce como clasificación.

Predecir una cantidad

Este sistema se usa generalmente para predecir un valor como predecir la lluvia de acuerdo con diferentes atributos del clima, como la temperatura, el porcentaje de humedad, la presión del aire, etc. Este tipo de predicción se conoce como regresión. El algoritmo de regresión tiene varias subdivisiones como regresión lineal, regresión múltiple, etc.

Sistemas de detección de anomalías

El propósito de un modelo en la detección de anomalías es detectar cualquier valor atípico en el conjunto de datos dado. Estas aplicaciones se utilizan en sistemas bancarios y de comercio electrónico en los que el sistema está diseñado para marcar cualquier transacción inusual. Todo esto ayuda a detectar transacciones fraudulentas.

Sistemas de agrupamiento

Estas formas de sistemas aún están en las etapas iniciales, pero sus aplicaciones son numerosas y pueden cambiar drásticamente la forma en que se llevan a cabo los negocios. En este sistema, el usuario se clasifica en diferentes grupos según diversos factores de comportamiento, como su grupo de edad, la región en la que vive o incluso el tipo de programas que les gusta ver. De acuerdo con esta agrupación, la empresa ahora puede sugerir diferentes programas o muestra que un usuario podría estar interesado en ver de acuerdo con la agrupación a la que pertenece dicho usuario durante la clasificación.

Categoría de sistemas de aprendizaje automático

En el caso de las máquinas tradicionales, el programador le dará a la máquina un conjunto de instrucciones y los parámetros de entrada, que la máquina utilizará para calcular algunos cálculos y derivar una salida utilizando comandos específicos. Sin embargo, en el caso de los sistemas de aprendizaje automático, el sistema nunca está restringido por ningún comando que proporcione el ingeniero, la máquina elegirá el algoritmo que puede usarse para procesar el conjunto de datos y decidir la salida con alta precisión. Para ello, utiliza el conjunto de datos de entrenamiento que consta de datos históricos y resultados.

Por lo tanto, en el mundo clásico, le diremos a la máquina que procese los datos según un conjunto de instrucciones, mientras que en el error de aprendizaje de la máquina, nunca instruiremos un sistema. La computadora tendrá que interactuar con el conjunto de datos, desarrollar un algoritmo utilizando el conjunto de datos históricos, tomar decisiones como lo haría un ser humano, analizar la información y luego proporcionar una salida. La máquina, a diferencia de un ser humano, puede procesar grandes conjuntos de datos en períodos cortos y proporcionar resultados con gran precisión.

Existen diferentes tipos de algoritmos de aprendizaje automático, y se clasifican según el propósito de ese algoritmo. Hay tres categorías en los sistemas de aprendizaje automático:

- Aprendizaje supervisado
- Aprendizaje sin supervisión
- Aprendizaje reforzado

Aprendizaje Supervisado

En este modelo, los ingenieros alimentan la máquina con datos etiquetados. En otras palabras, el ingeniero determinará cuál debe ser la salida del sistema o los conjuntos de datos específicos. Este tipo de algoritmo también se conoce como algoritmo predictivo.

Por ejemplo, considere la siguiente tabla:

Divisa (Etiqueta)	Peso (Caracteristica)
1 USD	10 g
1 EUR	5 g
1 INR	3 g
1 RU	7 g

En la tabla anterior, a cada moneda se le asigna un atributo de peso. Aquí, la moneda es la etiqueta y el peso es el atributo o característica.

El sistema de aprendizaje automático supervisado nos alimentó primero con este conjunto de datos de entrenamiento, y cuando se encuentra con cualquier entrada de 3 gramos, predecirá que la moneda es una moneda de 1 INR. Lo mismo puede decirse de una moneda de 10 gramos.

Los algoritmos de clasificación y regresión son un tipo de algoritmos supervisados de aprendizaje automático. Los algoritmos de regresión se utilizan para predecir los puntajes de coincidencia o los precios de la vivienda, mientras que los algoritmos de clasificación identifican a qué categoría deben pertenecer los datos.

Discutiremos algunos de estos algoritmos en detalle en las últimas partes del libro, donde también aprenderá cómo construir o implementar estos algoritmos utilizando Python.

Aprendizaje Sin Supervision

En este tipo de modelo, el sistema es más sofisticado en el sentido de que aprenderá a identificar patrones en datos sin etiquetar y producirá una salida. Este es un tipo de algoritmo que se utiliza para extraer cualquier inferencia significativa de grandes conjuntos de datos. Este modelo también se denomina modelo descriptivo, ya que utiliza datos y resume esos datos para generar una descripción de los conjuntos de datos. Este modelo se usa a menudo en aplicaciones de minería de datos que involucran grandes volúmenes de datos de entrada no estructurados.

Por ejemplo, si un sistema es entrada de Python de nombre, ejecuciones y ventanillas, el sistema visualizará esos datos en un gráfico e identificará los grupos. Se generarán dos grupos: uno es para el bateador mientras que el otro es para los jugadores de bolos. Cuando se alimenta cualquier entrada nueva, la persona caerá en uno de estos grupos, lo que ayudará a la máquina a predecir si el jugador es un bateador o un lanzador.

Nombre	Corridas	Wickets
Rachel	100	3
John	10	50
Paul	60	10
Sam	250	6
Alex	90	60

El conjunto de datos de muestra para un partido, basado en esto, el modelo de grupo puede agrupar a los jugadores en bateadores, lanzadores, etc.

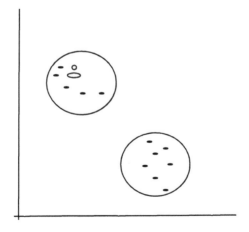

Imagen: Ilustración de un gráfico de muestra que muestra cómo se trazan y agrupan los datos.

Algunos algoritmos comunes que se incluyen en el aprendizaje automático no supervisado incluyen la estimación de la densidad, el agrupamiento, la reducción de datos y la compresión.

El algoritmo de agrupamiento resume los datos y los presenta de una manera diferente. Esta es una técnica utilizada en aplicaciones de minería de datos. La estimación de densidad se utiliza cuando el objetivo es visualizar cualquier conjunto de datos de gran tamaño y crear un resumen significativo. Esto nos traerá el concepto de reducción de datos y dimensionalidad. Estos conceptos explican que el análisis o la salida siempre deben entregar el resumen del conjunto de datos sin la pérdida de información valiosa. En palabras simples, estos conceptos dicen que la complejidad de los datos puede reducirse si la salida derivada es útil.

Aprendizaje reforzado

Este tipo de aprendizaje es similar a cómo aprenden los seres humanos, en el sentido de que el sistema aprenderá a comportarse en un entorno específico y tomará medidas basadas en ese entorno. Por ejemplo, los seres humanos no tocan el fuego porque saben que dolerá y se les ha dicho que dolerán. A veces, por curiosidad, podemos poner un dedo en el fuego y aprender que se quemará. Esto significa que tendremos cuidado con el fuego en el futuro.

La siguiente tabla resumirá y ofrecerá una visión general de las diferencias entre el aprendizaje automático supervisado y el no supervisado. Esto también mostrará una lista de los algoritmos populares que se utilizan en cada uno de estos modelos.

Aprendizaje Supervisado	Aprendizaje sin supervision
Trabaja con datos etiquetados	Trabaja con datos no etiquetados
Toma retroalimentacion directa	Sin bucle de retroalimentación
Predice la salida en base a los datos de entrada. Por lo tanto también llamado "algoritmo predictivo"	Encuentra la estructura / patrón oculto de los datos de entrada A veces llamado como "Modelo Descriptivo"
Algunas clases comunes de algoritmos supervisados incluyen: Regresión, Clasificación Nombre de los algoritmos Regresión logística Regresión lineal (predicción numérica) Regresión polinomial Árboles de regresión (predicción numérica) Descenso de gradiente Bosque aleatorio Árboles de decisión (clasificación) K-algoritmo más cercano	Algunas clases comunes de algoritmos no supervisados incluyen: Agrupación, compresión, estimación de densidad y reducción de datos. Nombre de los algoritmos K-significa Agrupación (Agrupación) Reglas de Asociación (Detección de Patrones) Valor singular de descomposición Medios difusos Mínimos cuadrados parciales

(clasificación)	A priori
Ingenuo bayes	Agrupación jerárquica
Máquinas de vectores de soporte	Análisis de componentes principales

Tabla: Supervisado Vs Aprendizaje No Supervisado.

Veremos brevemente cada uno de estos algoritmos y aprenderemos cómo implementarlos en Python. Veamos ahora algunos ejemplos de dónde se aplica el aprendizaje automático. Siempre es una buena idea identificar qué tipo de modelo de aprendizaje automático debe usar con ejemplos. Los siguientes puntos se explican en la siguiente sección:

- Facebook algoritmo de reconocimiento facial

- Programas de recomendación de Netflix o YouTube basados en el historial de usuarios anteriores

- Analizar grandes volúmenes de transacciones bancarias para adivinar si son transacciones válidas o fraudulentas.

- algoritmo de aumento de precios de Uber

Pasos en la construcción de un sistema de aprendizaje automático

Independientemente del modelo de aprendizaje automático, estos son los pasos comunes que están involucrados en el proceso de diseño de un sistema de aprendizaje automático.

Definir objetivo

Al igual que con cualquier otra tarea, el primer paso es definir el propósito que desea lograr con su sistema. El tipo de datos que utilice, el algoritmo y otros factores dependerán principalmente del objetivo o del tipo de predicción que desee que produzca el sistema.

Recolectar datos

Este es quizás el paso más lento en la construcción de un sistema de aprendizaje automático. Debe recopilar todos los datos relevantes que utilizará más adelante para entrenar el algoritmo.

Preparar los Datos

Este es un paso importante que generalmente se pasa por alto. Pasar por alto este paso puede resultar un error costoso. Cuanto más limpia y más relevante sea la información que está utilizando, más precisa será la predicción o la salida.

Seleccionar algoritmo

Hay diferentes algoritmos entre los que puede elegir, como la Máquina de vectores estructurados (SVM), K-closest, Naive-Bayes y Apriori, etc. El algoritmo que utilice dependerá principalmente del objetivo que desee alcanzar con el modelo.

Entrenar Modelo

Una vez que tenga todos los datos listos, debe introducirlos en la máquina y el algoritmo debe estar capacitado para predecir.

Prueba del Modelo

Una vez que su modelo está entrenado, ahora está listo para comenzar a leer la entrada para generar salidas apropiadas.

Predecir

Existen múltiples iteraciones que se realizarán y también puede enviar comentarios al sistema para mejorar sus predicciones a lo largo del tiempo.

Desplegar

Una vez que haya probado el modelo y esté satisfecho con la forma en que está funcionando, dicho modelo se esterilizará y podrá integrarse en cualquier aplicación que desee. Esto significa que está listo para ser desplegado.

Todos estos pasos pueden variar según la aplicación y el tipo de algoritmo (supervisado o no supervisado) que esté utilizando. Sin embargo, estos pasos generalmente están involucrados en todos los procesos de diseño de un sistema de aprendizaje automático. Hay varios idiomas y herramientas que puede utilizar en cada una de estas etapas. En este libro, aprenderá cómo diseñar un sistema de aprendizaje automático con Python.

Entendamos los escenarios de la sección anterior a continuación

Escenario uno: en una foto de un álbum etiquetado, Facebook reconoce la foto del amigo.

Explicación: Esta es una instancia de aprendizaje supervisado. En este caso, Facebook está utilizando las fotografías etiquetadas para reconocer a la persona. Las fotos etiquetadas se convertirán en las etiquetas de las imágenes. Cuando una máquina está aprendiendo de cualquier forma de datos etiquetados, se le conoce como aprendizaje supervisado.

Escenario dos: sugerir nuevas canciones basadas en las preferencias musicales anteriores de alguien.

Explicación: Esta es una instancia de aprendizaje supervisado. El modelo está entrenando etiquetas clasificadas o preexistentes, en este caso, el género de canciones. Esto es precisamente lo que hacen Netflix, Pandora y Spotify: recolectan las canciones / películas que te gustan, evalúan las funciones según tus preferencias y luego hacen sugerencias de canciones o películas basadas en funciones similares.

Escenario Tres: Análisis de los datos bancarios para marcar cualquier transacción sospechosa o fraudulenta.

Explicación: Esta es una instancia de aprendizaje no supervisado. La transacción sospechosa no se puede definir completamente en este caso y, por lo tanto, no hay etiquetas específicas como fraude o no fraude. El modelo intentará identificar los valores atípicos mediante la comprobación de transacciones anómalas.

Escenario Cuatro: Combinación de varios modelos

Explicación: la característica de aumento de precios de Uber es una combinación de diferentes modelos de aprendizaje automático, como la predicción de las horas pico, el tráfico en áreas específicas, la disponibilidad de cabinas y la agrupación en clústeres se utiliza para determinar el patrón de uso de los usuarios en diferentes áreas del ciudad.

CAPÍTULO
TRES

¿Por qué usar Python para el aprendizaje automático?

Python ciertamente se ha convertido en uno de los lenguajes de máquina más populares del mundo porque es bastante fácil de usar y es eficiente. La simplicidad y la legibilidad de Python lo hacen fácilmente comprensible. Además, está considerado como uno de los idiomas más amigables para los principiantes. La gran cantidad de bibliotecas y paquetes disponibles sin duda hacen que sea fácil lograr funciones complejas con codificación mínima.

Las aplicaciones de aprendizaje automático generalmente funcionan con vastos conjuntos de datos y bibliotecas incorporadas como Numpy SciPy, TensorFlow. Todo esto facilita el desarrollo de aplicaciones para el aprendizaje automático y el aprendizaje profundo.

Python también puede extenderse para trabajar con diferentes programas y es por eso que los científicos de datos lo utilizan para analizar datos. Aprender a codificar en Python es una buena idea, ya que lo ayudará a analizar e interpretar los datos para identificar soluciones que funcionen de manera eficiente para usted. Python puede funcionar en varios dispositivos y está diseñado con una sintaxis limpia y simple, lo que lo hace intuitivo y fácil de aprender para los usuarios.

Guido van Rossum desarrolló este lenguaje de alto nivel a fines de la década de 1980 y es muy popular dentro de la comunidad de desarrolladores, independientemente de la etapa del programador.

Simple y fácil de aprender

Como se mencionó anteriormente, Python fue desarrollado para ser un lenguaje simple y minimalista. Por lo tanto, cualquier programa que esté codificado en Python se verá como un pseudo código en inglés. Esta es la característica que hace de Python un programa fácil de entender para cualquier persona. La sintaxis y las palabras clave que se usan en ella suelen estar en inglés. La calidad de este lenguaje es tal que permite al programador concentrarse en la resolución de problemas en lugar de preocuparse por aprender la sintaxis y cómo usarla. Todo este equipaje se asocia generalmente con varios otros idiomas de alto nivel.

Lenguaje de alto nivel

Un lenguaje de alto nivel significa que, desde la perspectiva de un desarrollador, se extraen de usted diversos detalles internos, como la gestión de la memoria, que luego son atendidos automáticamente por el idioma. Este es el mejor lenguaje de alto nivel para que un no programador aprenda.

Fuente abierta

Dado que este lenguaje es un código abierto, está disponible de forma gratuita. Básicamente significa que puedes escribir y distribuir un código escrito en Python. El código de Python está bien mantenido, por lo que puede ser reutilizado y mejorado constantemente por el desarrollo en todo el mundo.

Portátil

Como se mencionó anteriormente, una de las razones por las que Python es un gran lenguaje para aprender no es solo por su simplicidad, sino también porque es muy potente, ya que está diseñado de tal manera que puede funcionar en múltiples plataformas que requieren Cualquier cambio nuevo al transferir entre dispositivos. Mientras tomes el cuidado adecuado, Python es bastante portátil.

¡Hay diferentes plataformas en las que se puede usar el código Python como Windows, Solaris, Macintosh, FreeBSD, VMS, Palm OS, Linux, VxWorks e incluso PlayStation!

Interpretado

Similar a Java, incluso Python es un lenguaje interpretado. Esto significa que cualquier programa que esté codificado en Python no tiene que compilarse cada vez que debe ejecutarse. En su lugar, simplemente necesita compilarse una vez y luego puede ejecutarse en varios dispositivos. Por ejemplo, si un programa está escrito en C o C ++ que está basado en compilador, se convierte del código fuente (a un formato que los humanos pueden leer) a código binario (0 y 1 del lenguaje de máquina) usando diferentes indicadores y opciones que son plataformas especificas Este código binario debe ingresarse en la memoria del dispositivo mediante un enlazador o un cargador y luego puede comenzar a ejecutarse. Este enlazador, cargador o compilador es una sobrecarga adicional que se puede evitar fácilmente usando un lenguaje como Python. Python no compila el código fuente en un formato binario y está diseñado de tal manera que puede ejecutarse directamente desde el propio código fuente.

El código fuente se convierte internamente en una forma intermedia conocida como el bytecode. El código de bytes es interpretado por la máquina antes de que pueda ejecutarse. Esta característica hace que Python sea un lenguaje muy poderoso y lo distingue de todos los demás lenguajes informáticos. Esto permite al usuario crear el código una vez y luego usar el mismo código en diferentes dispositivos sin tener que preocuparse por la compilación o la sobrecarga de enlaces de la biblioteca. Simplemente necesita copiar los archivos del programa al dispositivo en cuestión y luego comenzar a trabajar.

Orientado a objetos

Al igual que con cualquier otro lenguaje moderno, incluso Python tiene un enfoque orientado a objetos hacia la programación. El código está organizado en clases a las que se hace referencia como plantillas y "objetos" es un ejemplo de dicha clase. Los objetos son los componentes básicos de un lenguaje de programación orientado a objetos: combina de manera efectiva los datos junto con los métodos que se utilizan para realizar cualquier función en estos datos.

Rápido y eficiente de usar

Python es increíblemente rápido para actuar cuando se trata de la ejecución de acciones y esta es otra característica que hace de Python un lenguaje poderoso. Cualquier programa que esté escrito en Python puede incrustarse y ejecutarse como un script dentro de programas codificados en otros lenguajes como C o C ++. También puede escribir un script Python simple y luego usarlo para ejecutar cualquier otro programa C / C ++.

Baterias incluidas

Cuando se trata de Python, no se trata solo de la velocidad de ejecución, sino también de la velocidad de escritura del código. Existen varias bibliotecas y tipos de datos incorporados que ayudan al sistema a completar operaciones complejas. Por todo esto, Python requiere menos líneas de código que cualquier otro idioma. Por lo tanto, el trabajo del programador ciertamente se hace mucho más fácil. Esta función de las bibliotecas precargadas se incluye en Python y se denomina "baterías incluidas".

La biblioteca de Python es tan masiva que le permite al programador concentrarse en pensar en soluciones a problemas en lugar de preocuparse por cómo implementar las estructuras de datos o cualquier otro detalle de bajo nivel que esté involucrado en el proceso de resolución de problemas. Las bibliotecas cubren prácticamente cualquier cosa, desde trabajar con bases de datos a HTML, archivos de audio, interfaz gráfica de usuario, seguridad (usa criptografía) y todo lo demás.

El uso de Python permite al programador concentrarse en el proceso de aprendizaje automático y el objetivo del sistema, todo gracias a las bibliotecas de Python altamente eficientes que se encargan del proceso de implementación.

Python ofrece una solución de extremo a extremo para construir un sistema de aprendizaje automático desde la obtención de datos hasta la extracción de características, el modelado, la capacitación y la evaluación de estos sistemas para su visualización. Para crear un flujo de datos, un programa debe integrarse fácilmente con BigQuery, Kafka, pubsub, redshift, etc., y Python lo hace precisamente. La gestión de datos se puede lograr fácilmente utilizando Panda, Numpy y Pyspark, que a su vez se pueden integrar con otros motores de datos grandes (Dask es el motor de datos grandes de Python).

Numpy, Panda y SciKit Learn

Python ofrece una gran biblioteca de imágenes y videos incorporada que sin duda es útil cuando se trata de la fase de extracción de características. Esta característica hace que Python sea un lenguaje deseable y fácil de usar para el aprendizaje automático.

El paquete de aprendizaje SciKit también ayuda en diferentes etapas, como la construcción de modelos; entrenando el modelo y evaluando el sistema, haciendo que todo el conjunto de tuberías se junte a la perfección. Pytorch es una buena alternativa para principiantes.

Una vez que use todo esto para construir, entrenar y probar la máquina, Python ofrece una opción de implementación fácil. Crear una API REST y un modelo de serialización es bastante simple cuando usas Python.

La filosofía de Python se basa en el minimalismo. Este enfoque minimalista proporciona sintaxis claras y palabras similares al inglés que permiten completar una tarea determinada en menos líneas de código en comparación con cualquier otro idioma. El código también es fácil de leer y es fácil trabajar con él.

Trivia: La versión más popular de las funcionalidades del lenguaje Python se implementa internamente usando C.

CUATRO

Fundamentos de la programación en Python

Corriendo python

Python es una herramienta o software que puede instalarse y ejecutarse en múltiples sistemas operativos, incluido Mac OS X u OS / 2, Linux, Unix y Windows. Python ya está instalado en su sistema si utiliza los sistemas operativos GNU / Linux o Mac OS X. Los expertos sugieren que uses este tipo de sistema ya que Python ya está configurado. Los programas en este libro funcionan en cualquier sistema operativo.

Instalación en Windows

- Si usa Windows, primero deberá instalar Python, después de lo cual deberá configurar algunos ajustes. Asegúrese de hacer esto antes de comenzar a usar los códigos en este libro. Para realizar los cambios necesarios, deberá seguir algunas instrucciones que se proporcionan para su sistema operativo. Utilice las siguientes páginas web para el mismo: http://wiki.Python.org/moin/BeginnersGuide/Download

- http://www.Python.org/doc/faq/windows/

- http://docs.Python.org/dev/3.0/using/windows.html

Primero deberás descargar el instalador oficial. Las versiones alternativas para máquinas AMD e Itanium están disponibles en http://www.Python.org/download/ . Este archivo, que tiene una extensión .msi, debe guardarse en una ubicación que pueda encontrar fácilmente. A continuación, debe hacer clic en el asistente de instalación de Python. Esto se hará cargo del proceso de instalación. Se recomienda que utilice la configuración predeterminada si no sabe cuáles pueden ser las respuestas. Instalación en otros sistemas

Puede optar por instalar Python en otros sistemas, si desea aprovechar las últimas versiones de Python. Las instrucciones para sistemas Unix y Linux se pueden encontrar en los siguientes enlaces:

- http://docs.Python.org/dev/3.0/using/unix.html

Si estás usando OS X, tus instrucciones están aquí:

- http://www.Python.org/download/mac/

- http://docs.Python.org/dev/3.0/using/mac.html

Elegir la versión correcta

Los diferentes instaladores incluyen diferentes números después de la palabra Python, que se refiere al número de versión. Si observa los archivos en varios sitios web, los números de versión variarán de 2.5.2 a 3.0, donde el primero es una versión antigua pero utilizable de Python, mientras que el último es la última versión. El equipo de Python lanzó la versión 2.6 al mismo tiempo que lanzó la versión 3.0. Esto se debe a que hay algunas personas que quizás aún quieran seguir con la versión 2 de Python, ya que quieren seguir escribiendo código de la forma anterior pero también quieren beneficiarse de correcciones generales y algunas de las nuevas características introducidas en la versión 3.0.

Python está en continua evolución, y la última versión de este software es la versión 3.1.1. Debe tener en cuenta que estas nuevas versiones son las mismas que las de la versión 3.0 con algunas mejoras. Por lo tanto, las versiones más nuevas continuarán siendo referidas como 3.0 en este libro. La versión 3.0 incluye varios cambios en el lenguaje de programación que son incompatibles con la versión 2.0. No tiene que preocuparse por la programación con diferentes versiones de Python, ya que solo hay una diferencia sutil en el lenguaje o la sintaxis.

Python puede funcionar de manera diferente en diferentes sistemas operativos, pero no cubriremos ese aspecto ya que está fuera del alcance de este libro. Los códigos en el libro funcionarán de la misma manera en diferentes sistemas operativos. Este es uno de los muchos puntos buenos de Python. Si desea obtener más información sobre Python, debe leer la documentación preparada por los desarrolladores, que es gratuita y está bien escrita. Está disponible en http://www.Python.org/doc/

Empezando

Cuando se sienta a escribir un nuevo programa, debe recordar que comienza con un problema.

Antes de escribir código para cualquier cosa, debe desarrollar una idea de qué es lo que le gustaría crear y el problema que está buscando resolver.

Esto le ayudará a desarrollar una buena idea de cómo le gustaría resolver el problema.

A lo largo del próximo capítulo, analizaremos el ciclo de desarrollo del software que lo ayudará en el proceso de diseño del software. Este es un paso que la mayoría de las personas necesitarán aprender por separado, ya que la mayoría de las guías de programación generalmente cambian a las complejidades del lenguaje y se centran en cómo desarrollar código, lo que puede dificultar que un principiante entienda cómo entender el código y qué debe hacer. Se hará para arreglar ese código.

Comprender los principios del diseño de software puede acelerar drásticamente el proceso de creación de un nuevo software y ayudar a garantizar que no se pierdan detalles importantes.

En los siguientes capítulos, aprenderá a construir los diseños e ideas en Python y aprenderá a construir las unidades básicas de los códigos usando palabras, datos y números. También aprenderá cómo manipular estas entradas para refinar el código. Es importante aprender a comparar diferentes conjuntos de datos para tomar decisiones informadas. A lo largo del libro, aprenderá a refinar los diseños que ha creado y a dividirlos en partes que se pueden codificar fácilmente. Estos pasos lo ayudarán a ampliar su comprensión del idioma y lo ayudarán a convertir sus ideas en programas informáticos completos.

Creando tus propios archivos

Python se describe como un lenguaje de auto documentación, lo que no significa que Python haya escrito el manual del usuario para usted. Sin embargo, puede agregar cadenas de documentación, que se definen como bloques de texto, a su script o código. Estas cadenas de documentación se mostrarán cuando abra su código, que luego se puede convertir en páginas web que proporcionan referencias útiles para aquellos que buscan un código similar. En los capítulos siguientes se proporciona un ejemplo de cadenas de documentación y es importante aprender a incluir cadenas de documentación en su código en una etapa temprana.

En el último capítulo, aprendimos que un identificador es parte de una variable, que es una unidad de datos. Estas variables e identificadores se guardan en la memoria de la computadora y su valor se puede cambiar haciendo una modificación a un valor que ya está presente en la variable.

Este capítulo le presentará los diferentes tipos de variables que puede usar al escribir un programa en Python. También aprenderá cómo se pueden usar estas variables para convertir sus diseños en códigos de trabajo usando Python. Esto es cuando comienzas la programación real. En el transcurso de este capítulo, trabajaremos en dos programas: uno donde aprenderemos a formatear y manipular cadenas de texto y otro para realizar un cálculo matemático simple.

Los programas mencionados anteriormente se pueden escribir fácilmente usando diferentes variables. Cuando usa variables, puede especificar una función, método de cálculo que debe usarse para obtener una solución sin el conocimiento del tipo de valor al que la variable debe referirse por adelantado. Cada parte de la información que se debe colocar en un sistema debe convertirse en una variable antes de poder utilizarla en una función. La salida del programa se recibe solo cuando el contenido de estas variables se somete a todas las funciones escritas en el programa.

Elegir el identificador correcto

Cada sección de su código se identifica mediante un identificador. El compilador o editor en Python considerará cualquier palabra que esté delimitada por comillas, no se haya comentado, o se haya escapado de una manera que no pueda ser considerada o marcada como un identificador. Como un identificador es solo una etiqueta de nombre, podría referirse a casi cualquier cosa, por lo tanto, tiene sentido tener nombres que puedan ser entendidos por el idioma. Debe asegurarse de no elegir un nombre que ya se haya usado en el código actual para identificar cualquier nueva variable.

Si elige un nombre que sea el mismo que el anterior, la variable original se vuelve inaccesible. Esto puede ser una mala idea si el nombre elegido es una parte esencial de su programa. Afortunadamente, cuando escribes un fragmento de código en Python, no te permite nombrar una variable con un nombre ya usado. La siguiente sección de este capítulo enumera las palabras importantes, también llamadas palabras clave, en Python que le ayudarán a evitar el problema.

Palabras clave de Python

Las siguientes palabras, también llamadas palabras clave, son la base del lenguaje Python. No puede usar estas palabras para nombrar un identificador o una variable en su programa, ya que estas palabras se consideran las palabras centrales del idioma. Estas palabras no pueden estar mal escritas y deben escribirse de la misma manera para que el intérprete entienda lo que quiere que haga el sistema. Algunas de las palabras que se enumeran a continuación tienen un significado diferente que se tratará en capítulos posteriores.

- Falso
- Ninguna
- Afirmar
- Cierto
- como
- rotura
- continuar
- def
- importar
- en
- es
- y
- clase
- del

- para

- desde

- global

- elevar

- regreso

- otra cosa

- elif

- no

- o

- pasar

- excepto

- tratar

- mientras

- con

- finalmente

- Si

- lambda

- no local

- rendimiento

Entendiendo la convención de nombres

Hablemos sobre las palabras que puedes usar y las que no puedes usar. Cada nombre de variable siempre debe comenzar con un guión bajo o una letra. Algunas variables pueden contener números, pero no pueden comenzar con uno. Si el intérprete se encuentra con un conjunto de variables que comienzan con un número en lugar de comillas o una letra, solo considerará esa variable como un número. Nunca debe usar nada que no sea un guión bajo, un número o una letra para identificar una variable en su código. También debe recordar que Python es un lenguaje que distingue entre mayúsculas y minúsculas, por lo tanto falso y Falso son dos entidades diferentes. Lo mismo puede decirse de vvariable, Vvariable y VVariable. Como principiante, debe tomar nota de todas las variables que usa en su código. Esto también te ayudará a encontrar algo más fácil en tu código.

Creando y asignando valores a variables

Cada variable se crea en dos etapas: la primera es inicializar la variable y la segunda es asignar un valor a esa variable. En el primer paso, debe crear una variable y nombrarla adecuadamente para pegar una etiqueta en ella y en el segundo paso; Debes poner un valor en la variable. Estos pasos se realizan usando un solo comando en Python usando el signo igual para firmar. Cuando debe asignar un valor, debe escribir el siguiente código:

Variable = valor

Cada sección del código que realiza alguna función, como una asignación, se denomina declaración. La parte del código que se puede evaluar para obtener un valor se llama expresión. Veamos el siguiente ejemplo:

Longitud = 14

Ancho = 10

Altura = 10

Area_Triangle = Longitud * Anchura * Altura

A cualquier variable se le puede asignar un valor o una expresión, como la asignación realizada a Area_Triangle en el ejemplo anterior.

Cada declaración debe estar escrita en una línea separada. Si escribe las declaraciones de la forma en que anotaría una lista de compras, va por el camino correcto. Todas las recetas comienzan de la misma manera con una lista de ingredientes y las proporciones junto con el equipo que necesitarías usar para completar tu plato. Lo mismo sucede cuando escribe un código de Python: primero define las variables que desea usar y luego crea funciones y métodos para usar en esas variables.

Reconociendo diferentes tipos de variables

El intérprete en Python reconoce diferentes tipos de variables: secuencias o listas, números, palabras o cadenas literales, booleanos y asignaciones. Estas variables se utilizan a menudo en los programas de Python. Una variable Ninguno tiene un tipo propio llamado NoneType. Antes de ver cómo se pueden usar las palabras y los números en Python, primero debemos ver las funciones de escritura dinámica en Python.

Trabajar con escritura dinámica

Cuando asigna un valor a una variable, el intérprete elegirá para decidir qué tipo de valor es la variable que se llama escritura dinámica. Este tipo de escritura no tiene nada que ver con la rapidez con la que puede escribir en el teclado. A diferencia de los otros idiomas, Python no requiere que el usuario declare los tipos de variables que se utilizan en el programa. Esto puede ser considerado tanto una bendición como una maldición. La ventaja es que no tiene que preocuparse por el tipo de variable cuando escribe el código, y solo tiene que preocuparse por el comportamiento de la variable.

La escritura dinámica en Python facilita que el intérprete maneje la información del usuario que es impredecible. El intérprete para Python acepta diferentes formas de entrada de usuario a las que asigna un tipo dinámico, lo que significa que se puede usar una sola declaración para tratar números, palabras u otros tipos de datos, y el usuario no tiene que saber siempre qué tipo de datos la variable debe ser No tener que declarar variables antes de usarlas hace que sea tentador introducir variables en lugares aleatorios en sus scripts. Debe recordar que Python no se quejará a menos que intente usar una variable antes de que realmente le haya asignado un valor, pero es realmente fácil perder de vista qué variables está usando y dónde configura sus valores en el script.

Hay dos prácticas realmente sensatas que lo ayudarán a mantenerse sano cuando comience a crear grandes cantidades de variables diferentes. Una es configurar un grupo de valores predeterminados al comienzo de cada sección, si está seguro de dónde necesitará usarlos. Siempre es una buena idea agrupar todas las variables. La otra es hacer un seguimiento de los tipos y valores esperados de sus variables, manteniendo una tabla de datos en su documento de diseño para cada programa que está escribiendo.

La API en Python deberá realizar un seguimiento del tipo de variable por las siguientes razones. La máquina necesitará guardar algo de memoria para almacenar esta información. Los diferentes tipos de datos en Python ocupan diferentes volúmenes de espacio. La segunda razón es que el seguimiento de los tipos ayuda a evitar y solucionar errores. Una vez que Python haya decidido qué tipo de variable es, marcará un TypeError si intenta realizar una operación inapropiada en esos datos. Aunque al principio esto puede parecer una irritación innecesaria, descubrirá que puede ser una característica increíblemente útil del lenguaje; como muestra el siguiente ejemplo de línea de comandos:

>>> b = 3

>>> c = 'palabra'

>>> trace = False

>>>

b + c

Rastreo (llamadas recientes más última):

Archivo "", línea 1, en <module>

TypeError: tipo (s) de operando no soportado para +: 'int' y 'str'

>>> c - traza

Rastreo (llamadas recientes más última):

Archivo "", línea 1, en <module>

TypeError: tipo (s) de operando no compatibles para -: 'str' y 'bool'

El programa anterior intenta realizar la operación en tipos de datos que son incompatibles. No se le permite agregar un número a una palabra o quitarle una respuesta de sí / no. Es necesario convertir los datos a un tipo compatible antes de intentar procesarlos. Puedes sumar palabras o quitar números entre sí, como lo puedes hacer en la vida real, pero no puedes hacer aritmética en una línea de texto. Python le avisará si hay algún error en su lógica al usar las trazas. En este caso, te da el TypeError. Este error le permitirá saber que debe volver a escribir el código para asegurarse de que le permite al compilador saber qué tipo de información debe ingresar. Esta información depende de la salida que desea obtener.

El propósito de los tipos de datos es permitirnos representar información que existe en el mundo real, es decir, el mundo que existe fuera de su computadora, a diferencia del mundo virtual interno. Podemos tener una conversación existencial sobre lo que es real y lo que no es en otro momento. El ejemplo anterior utiliza variables de tipo int (números enteros) y tipo str (texto). Pronto se hará evidente que estos tipos de datos básicos solo pueden representar las unidades de información más simples; es posible que deba usar un conjunto bastante complicado de palabras, números y relaciones para describir incluso la entidad más simple del mundo real en términos del mundo virtual.

Python proporciona una variedad de formas de combinar estos tipos de datos simples para crear tipos de datos más complejos, a los que llegaré más adelante en este libro. Primero, necesita conocer los bloques de construcción fundamentales que se utilizan para definir sus datos y el conjunto básico de acciones que puede usar para manipular los diferentes tipos de valores.

La variable ninguna

Una variable predefinida llamada Ninguno es un valor especial en Python. Esta variable tiene un tipo propio y es útil cuando necesita crear una variable pero no definir o especificar un valor para esa variable. Cuando asigna valores como "" y 0, el intérprete definirá la variable como la variable str o int.

Información = Ninguna

A una variable se le puede asignar el valor Ninguno utilizando la instrucción anterior. Los siguientes ejemplos usarán información del mundo real que se modelará en una forma virtual usando algunos personajes de fantasía. Este ejemplo utiliza algunas estadísticas para representar algunos atributos de los personajes para proporcionar datos para el sistema de combate. Puede usar este ejemplo para automatizar su base de datos y sus cuentas. Por lo tanto, echemos un vistazo a algunos de los personajes en el ejemplo.

En el programa, hello_world.py, vio cómo puede obtener una salida básica utilizando la función print (). Esta función se puede utilizar para imprimir el valor de la variable y una cadena de caracteres literal. A menudo, cada declaración de impresión debe comenzar en una nueva línea, pero se pueden imprimir varios valores en una sola línea utilizando una coma para separarlos; print () se puede usar para concatenar todas las variables en una sola línea separada solo por espacios.

>>> Race = "Goblin"

>>> Género = "Mujer"

>>> imprimir (Género, Raza)

Duende femenino

Diferentes segmentos de información se pueden combinar en una sola línea usando múltiples métodos. Algunos de estos métodos son más eficientes en comparación con otros. Las cadenas adyacentes que no están separadas se concatenarán automáticamente, pero esta no es una función que funcione para la mayoría de las variables.

>>> imprimir ("Hombre" "Elfo")

La expresión anterior le dará el siguiente resultado: "MaleElf"

Sin embargo, cuando usted ingresa el siguiente código,

>>> imprimir (Carrera "Masculina")

Recibirá el siguiente error:

Archivo "<stdin>", línea 1

imprimir ("raza masculina")

^

Error de sintaxis: sintaxis inválida

Este enfoque no se puede usar ya que no se puede escribir una función de cadena como una variable y una cadena juntos ya que esta es solo una forma de escribir una cadena de una sola línea.

Usando cotizaciones

En Python, un carácter se usa para describir un solo número, un signo de puntuación o una sola letra. Una cadena de caracteres que se usa para mostrar texto se llama cadenas o literales de cadena. Si necesita decirle al intérprete que desea que un bloque de texto se muestre como texto, debe incluir esos caracteres entre comillas. Esta sintaxis puede tomar múltiples formas:

"Una cadena de texto encerrada entre comillas simples".

"Una cadena de texto encerrada entre comillas dobles".

"' Una cadena de texto entre comillas "."

Si el texto está encerrado entre comillas, se considera el tipo str (cadena).

Cotizaciones de anidación

Hay ocasiones en las que es posible que desee incluir comillas literales en su código. Python le permite incluir un conjunto de comillas dentro de otro conjunto de comillas, si utiliza un tipo diferente de comillas.

>>> text = "Estás aprendiendo cómo usar comillas anidadas en Python"

En el ejemplo anterior, el intérprete asumirá que ha llegado al final de la cadena cuando llega al final del texto en el segundo conjunto de comillas dobles en la cadena anterior. Por lo tanto, la subcadena "cómo" se considera parte de la cadena principal, incluidas las comillas. De esta manera, puede tener al menos un nivel de comillas anidadas. La forma más fácil de aprender a trabajar con citas anidadas es experimentando con diferentes tipos de cadenas.

>>> boilerplate = "" "

... # === (") === # === (*) === # === (") === #

... generoso generador de respuesta

... Versión '0.1'

... "FiliBuster" technologies inc.

... # === (") === # === (*) === # === (") === #

... "" "
...

>>> print (boilerplate) # === (") === # === (*) === # === (") === #

Generador de respuesta extraordinario

Versión '0.1'

Tecnologías "FiliBuster" inc.

=== (") === # === (*) === # === (") ===

Este es un truco útil para usar si desea formatear un bloque de texto completo o una página completa.

Cómo utilizar caracteres de espacio en blanco

Los caracteres de espacio en blanco a menudo se pueden especificar si la secuencia de caracteres comienza con una barra invertida. "\ N" produce un carácter de salto de línea que es diferente del carácter "\ r". En la ventana de salida, la primera cambiaría la salida a una nueva línea, mientras que la última cambiaría la salida a un nuevo párrafo. Debe comprender la diferencia entre el uso de los diferentes sistemas operativos para traducir el texto.

El uso y el significado de algunas de las secuencias se pierden en la mayoría de las ocasiones. Es posible que a menudo desee utilizar \ n para cambiar a una nueva línea. Otra secuencia que es útil es \ t, que se puede usar para la sangría del texto al producir un carácter de tabulación. La mayoría de los otros caracteres de espacios en blanco se utilizan solo en situaciones especializadas.

Secuencia	significado
\n	Nueva Linea
\r	Retorno de Carruaje
\t	Tab
\v	Vertical Tab
\e	Escape Character
\f	Alimentacion de formato
\b	Backspace

\a	Bell

Puede usar el siguiente ejemplo para formatear la salida de su pantalla:

>>> imprimir ("Caracteres \ n \ nDescripción \ nElija su carácter \ n \

... \ tDobby \ n \ tElf \ n \ tMale \ nDon \ 't olvídate de escapar \' '\\\' '".

)

Caracteres

Descripción

Elige a tu personaje

Dobby

Duende

Masculino

No te olvides de escapar '\ '.

Debe recordar que las cadenas son inmutables, lo que significa que no se pueden cambiar. Es posible usar funciones simples para crear nuevas cadenas con diferentes valores.

Cómo crear una aplicación de texto

Toda la información mencionada en este capítulo se puede usar para escribir el código de nuestro juego de rol. Las cadenas a menudo son fáciles de usar, ya que solo debes asegurarte de incluir las cadenas en comillas coincidentes. El script para diseñar la descripción del personaje es simple.

> *# Solicitar al usuario alguna información definida por el usuario.*

> *# Salida la descripción del personaje*

Es posible que desee incluir la siguiente información para el personaje:

- Nombre

- género

- Raza

- Descripción del personaje

Para esta información, puede crear las siguientes variables: Nombre, Género, Raza y Descripción. Estos valores se pueden imprimir usando el siguiente código:

> *""*

> *chargen.py*

> *Problema: generar una descripción para un personaje de rol de fantasía.*

Usuarios objetivo: yo y mis amigos

Sistema de destino: GNU / Linux

Interfaz: línea de comandos

Requisitos funcionales: Imprima la hoja de caracteres

El usuario debe poder ingresar el nombre, la descripción, el género y la raza del personaje

Pruebas: prueba de ejecución simple

Mantenedor: mantenedor@website.com

"" "__

version__ = 0.1

Nombre = ""

Desc = ""

Género = ""

Race = ""

 # Preguntar al usuario por información definida por el usuario

Nombre = entrada ('¿Cuál es tu nombre?')

Desc = entrada ('Descríbete:')

Sexo = entrada ('¿Qué género eres? (Hombre / mujer / inseguro):')

Raza = entrada ('¿Qué raza de fantasía eres? - (Pixie /
Vulcan / Gelfling / Troll / Elf / Goblin):')

 # Salida de la hoja de personaje

*character_line = "<~~ == | # | !! ++ ** \ @ / ** ++ ~~*
== | # | ++ ~~>"

print ("\ n", character_line)

imprimir ("\ t", Nombre)

impresión ("\ t", raza, género)

imprimir ("\ t", Desc)

print (fancy_line, "\ n")

El programa anterior es una versión más inteligente del programa hello_world escrito anteriormente. Sin embargo, en este programa, hay una nueva línea agregada _version_ = 0.1 al inicio del programa. Esta es una variable predefinida que tiene un significado especial en la documentación de Python. Este es el número que continuaremos usando para registrar el ejemplo anterior. A medida que avanzamos, continuaremos incrementando este número cuando realicemos cambios o refinemos el programa. Ahora, necesitaremos obtener información numérica sobre los personajes que interactuarán en el juego.

Trabajando con números

Es sencillo asignar cualquier número a las variables.

Músculo = 8

Cerebros = 13

Como se mencionó anteriormente, el intérprete asume que un conjunto de caracteres como un número comienza con un número en lugar de una comilla o letra. Por lo tanto, no puede iniciar ninguna variable con un número. Debe aprender algunas cosas antes de comenzar a trabajar en matemáticas en su computadora.

Las computadoras solo cuentan a uno

Toda la información en la computadora solo se puede almacenar en ceros y unos. Cada computadora almacena y procesa cualquier volumen de datos mediante pequeños interruptores que pueden estar activados (1) o desactivados (0).

Usando Boolean

Como se mencionó anteriormente, una computadora solo puede registrar dos valores: Verdadero (valor = 1) y Falso (valor = 0). Estos valores se conocen como operadores booleanos y se pueden manipular utilizando operadores como OR, NOT y AND. Estos operadores se explican con más detalle en el siguiente capítulo. Los valores booleanos se pueden asignar de la siguiente manera:

Espejismo = Falso

Inteligencia = Verdadero

Usando números enteros

Los números enteros, también llamados números enteros, no tienen puntos decimales y pueden ser cero, positivos y negativos. Estos números se utilizan para referirse a diferentes cosas como el ejemplo de receta mencionado anteriormente.

Realización de operaciones matemáticas básicas

Ahora que sabe cómo almacenar datos en una variable, veamos cómo manipular esos datos. Las operaciones matemáticas básicas se pueden realizar utilizando operadores como +, - y *. Estos operadores crean una expresión que debe ser evaluada antes de que pueda obtener un valor. Las siguientes declaraciones se pueden utilizar para realizar estas operaciones.

>>> músculo = 2 + 3

>>> cerebros = 7 + 4

>>> velocidad = 5 * 6

>>> rareza = músculo * cerebros + velocidad

>>> rareza

Todas estas operaciones funcionan utilizando el algoritmo matemático BODMAS.

Trabajando con flotadores y fracciones

La mayoría de las fracciones se expresan a menudo utilizando el tipo de coma flotante donde se pueden usar puntos decimales. Estos números, como los enteros, pueden ser tanto positivos como negativos. No es necesario asignar una variable al tipo de datos float. Python convierte automáticamente una variable en el tipo flotante si se le asigna un número decimal.

Músculo = 2.8

Cerebros = 4.6

Velocidad = 6.8

Incluso si el número antes y después del punto decimal es 0, todavía se considera una fracción. Este tipo de datos se puede manipular utilizando las mismas operaciones matemáticas mencionadas anteriormente.

Convertir tipos de datos

Existen diferentes funciones integradas que se utilizan en Python para convertir un valor de un tipo de datos a otro. Los tipos de datos utilizados a menudo son:

- int (x): se utiliza para convertir cualquier número en un número entero

- float (x): se utiliza para convertir un número a un tipo de datos float

- str (objeto): convierte cualquier tipo en una cadena que se puede utilizar para imprimir

>>> flotar (23)

23.0

>>> int (23.5)

23

>>> flotador (int (23.5))

23

Bucles

Mientras declaración

resultado = 1

mientras que el resultado <1000:

resultado * = 2

resultado de impresión

Para controlar el número de veces que se procesa el bucle, es necesario especificar una expresión condicional; siempre que esta expresión condicional sea Verdadera al comienzo de una iteración, el bucle continúa. En el ejemplo anterior, nuestra expresión condicional es el resultado <1000. Entonces, mientras el valor del resultado sea menor que 1,000, el ciclo continuará procesándose. Una vez que el resultado llegue a 1,024 (210), el programa dejará de procesar el cuerpo del bucle.

Las variables utilizadas en la expresión condicional son a menudo entidades prescindibles, que solo son necesarias mientras el bucle esté activo. En lugar de seguir pensando en nombres diferentes, este tipo de contador de enteros se suele denominar i o j por convención.

Hay que recordar dos cosas en este tipo de construcción: cualquier variable utilizada en la expresión condicional debe inicializarse antes de la ejecución del bucle. Además, debe haber alguna forma de actualizar esta variable dentro del bucle; de lo contrario, el bucle simplemente girará y girará para siempre, lo que se denomina bucle infinito.

Es posible usar diferentes tipos de variables en la expresión condicional. Consideremos el problema de calcular el promedio de varios números ingresados por el usuario. El principal problema aquí es que no sé cuántos números se ingresarán. La solución es usar lo que se llama un valor centinela para controlar el bucle. En lugar de usar el contador en esta instancia, el script verifica el valor del número de entrada del usuario. Si bien es positivo (es decir,> = 0), el bucle se procesa normalmente, pero tan pronto como se ingresa un número negativo, el bucle se rompe y la secuencia de comandos continúa calculando el promedio. Veamos el siguiente ejemplo:

contador = 0

total = 0

número = 0

mientras que el número> = 0:

number = int (input ("Ingrese un número positivo \ ni un negativo para salir:"))

total + = número

contador + = 1

promedio = total / contador

imprimir (promedio)

Existen varios métodos para salir de los bucles de manera limpia, los principales son el uso de las palabras clave break y continue: si desea salir de un loop sin ejecutar más declaraciones en el cuerpo del loop, use break. Si solo desea salir de esta iteración particular del bucle, continuar inmediatamente lo lleva a la siguiente iteración del bucle.

En ocasiones, querrá que el intérprete reconozca una condición pero no haga nada. En este caso, la palabra clave pass puede ser útil; crea una declaración nula, que simplemente le dice al intérprete que pase a la siguiente instrucción.

Bucles de anidamiento

Se le permite anidar bucles y otras declaraciones condicionales en Python, probablemente de manera infinita, pero es mejor mantener el número de niveles de anidación al mínimo. Por un lado, es muy fácil confundirse sobre qué opción está tomando el programa en un punto en particular. Además, tener muchos bloques con sangría dentro de otros bloques con sangría hace que su código sea difícil de leer, puede ralentizar la ejecución del programa y, en general, se considera un estilo malo. Si ha creado un diseño que involucra dos o tres capas de bucles, probablemente debería comenzar a pensar en rediseñarlo para evitar la excesiva profundidad de anidamiento.

Por

La otra declaración de flujo de control que quiero introducir es la instrucción for, que se construye de manera similar a las instrucciones if y while. Su construcción es para el elemento en secuencia: seguido de un conjunto de instrucciones con sangría. Durante la primera iteración del bucle, el elemento variable contiene el primer elemento de la secuencia y está disponible para la suite con sangría. Durante la segunda iteración, contiene el segundo elemento en la secuencia, y así sucesivamente

Para entender cómo funciona esta declaración, necesitas saber acerca de las secuencias. La secuencia más simple en Python es una cadena, que es una secuencia de caracteres individuales que incluyen espacios y puntuación. Otras formas de secuencia son las tuplas y las listas. Las tuplas y las listas son secuencias de elementos de datos, la principal diferencia entre ellas es que las listas se pueden editar en su lugar, mientras que las tuplas no lo son. Es posible usarlo ya sea en una declaración 'for'. Se construyen de la siguiente manera:

> *# tuple*
>
> *secuencial = (1, 2, 3)*
>
> *# lista*
>
> *secuencia2 = [1, 2, 3]*

Artículos en secuencias

Puede usar el índice para obtener un elemento individual o individual en una secuencia. El índice define la posición del elemento en la secuencia. Este índice se especifica como un entero (un número entero) entre corchetes inmediatamente después del nombre de la variable. Entonces, s [i] recuperará el elemento en la posición i de la secuencia s. Esto le permite acceder a un solo carácter en una cadena:

> *>>> vegetal = 'calabaza'*

>>> *vegetales [0]*

'pag'

O un artículo en una lista:

>>> *vegetal = ['calabazas', 'patatas', 'cebollas', 'berenjena']*

>>> *vegetales [1]*

"Calabazas"

Notarás que la indexación siempre comienza en cero. Esto significa que un índice de [3] recuperará el cuarto elemento de la lista, ya que siempre se hace referencia al primer elemento con el índice [0]. Por lo tanto, puede usar números enteros de cero a uno menos el número de las variables en la secuencia. Un índice negativo contará hacia atrás desde el final.

>>> *verdura [-1]*

'berenjena'

Puedes tomar secciones de una secuencia usando cortes. Este método se utiliza para obtener muchos elementos en una secuencia. Una porción se escribe utilizando la misma notación que un índice. La única diferencia es que los enteros están separados por dos puntos. El primer valor es el punto de partida, y este valor está incluido. El segundo número en la notación es el punto final de la división, y es exclusivo. Entonces, s [0: 2] significa que la división comenzará desde el índice cero, pero se detendrá antes del índice 2.

No necesariamente tienes para nosotros el tercer valor, y este es un paso adicional. Esto puede ser negativo; por lo tanto, puede recuperar todos los demás elementos en lugar de seleccionar este elemento de la lista secuencial. Alternativamente, también puede recuperar elementos hacia atrás. Entonces, s [i: j: step] le dará la porción que comienza a partir de la variable i, pero no incluirá la variable j. Aquí, s es la secuencia.

Si ignora el punto inicial, la división siempre comenzará al principio de la secuencia. Si olvida el final, la división continuará hasta el final de la secuencia original o principal.

El corte y la indexación no cambian la secuencia original. Desarrollarán una nueva secuencia. Los elementos de datos reales en la secuencia serán los mismos. Por lo tanto, si desea modificar un elemento individual en la secuencia, verá que el elemento también ha cambiado en la división.

Tuplas

Las tuplas son un grupo de artículos o elementos que están ordenados e inmutables. Debe pensar en una tupla como un paquete de información sellado.

Una tupla se especifica como una lista de valores separados por comas. Estos valores se pueden incluir entre paréntesis si es necesario. En algunos casos, estos paréntesis son obligatorios, así que siempre utilícelos independientemente de si cree que son necesarios o no. Los valores en la tupla no necesariamente tienen que ser del mismo tipo de datos. Algunos valores también pueden ser otras tuplas.

Creando un Tuple

Las tuplas se pueden crear sin elementos en ellas usando los corchetes ().

>>> empty_tuple = ()

Si no desea más de un elemento en la tupla, debe ingresar el primer elemento seguido de una coma.

>>> one_item = ('blue',)

Cambio de valores en una tupla

No puedes cambiar los valores en una tupla. Estas tuplas son paquetes de información sellados que a menudo se usan en situaciones en las que un conjunto de valores debe pasar de una ubicación a otra. Si desea cambiar la secuencia de los datos, debe utilizar una lista.

Lista

Una lista es una lista ordenada, separada por comas, de elementos encerrados entre corchetes. Los elementos de la lista no tienen que ser del mismo tipo de datos. Un artículo también puede ser otra lista.

Puede dividir, concatenar e indexar listas como lo haría con cualquier otra secuencia. Siempre puede cambiar los elementos individuales en una lista en comparación con una cadena o una tupla. Las listas son más flexibles en comparación con las tuplas. Siempre puede asignar datos a los segmentos, cambiando así el tamaño de la lista o eliminándola por completo.

Creando una lista

Es fácil crear una lista.

> >>> shopping_list = ['detergente', 'desodorante', 'shampoo', 'lavado de cuerpo']

Modificar una lista

Se puede agregar un nuevo valor a una lista usando el operador de asignación.

> >>> shopping_list [1] = 'velas'

> >>> shopping_list

> ['Detergente', 'velas', 'desodorante', 'champú', 'gel de baño']

Pilas y Filas

Las listas contienen datos que se han pedido y es fácil utilizarlos para almacenar cualquier información solicitada. Puedes hacerlo usando pilas o colas. Una pila sigue a la última en la primera en salir (LIFO) y es análoga a la pila de cartas descartadas en un juego de cartas. Puede agregar elementos a la pila usando la función list.append (), y eliminarlos usando la función pop (). Debe tener en cuenta que no hay argumentos de índice, por lo que el elemento que se encuentra al final de la lista se eliminará o se abrirá.

> *>>> shopping_list.append ('brush')*

> *>>> shopping_list.pop ()*

"Velas"

>>> shopping_list

['Detergente', 'desodorante', 'champú', 'gel de baño']

En el otro enfoque, creará una estructura que sigue la estructura de primero en entrar, primero en salir (FIFO) como una cola. Este proceso funciona como una tubería, donde deberá empujar los elementos desde un extremo de la tubería, y el elemento que se envió por primera vez a la tubería sale de la tubería. Siempre puede empujar elementos en la tubería usando la función de añadir () y recuperarlos o eliminarlos usando la función pop (). Esta vez, deberá incluir el índice para asegurarse de eliminar el elemento correcto de la cola.

>>> shopping_list.append ('brush')

>>> shopping_list.pop (0)

'detergente'

>>> shopping_list

['Desodorante', 'champú', 'gel de baño', 'cepillo]'

Los diccionarios

Los diccionarios son como las libretas de direcciones: si conoce el nombre de la persona, puede obtener todos los detalles de esa persona. El nombre se denomina clave y cualquier información sobre la clave se denomina valor. La clave siempre debe ser de un tipo inmutable, como un número, tupla o cadena. El valor puede ser lo que usted elija. Los diccionarios son un tipo de datos mutables, lo que significa que siempre puede agregar, eliminar o modificar los pares de valores. Las claves se asignan a objetos específicos, y es por esta razón que un diccionario se denomina mapeo.

Un diccionario se utiliza en cualquier lugar donde desee almacenar los valores y atributos que describen una entidad o concepto. Por ejemplo, puede usar un diccionario para contar el número de instancias de estados u objetos específicos. Es porque cada clave debe tener un identificador único. Por lo tanto, la clave se puede utilizar para almacenar todos los datos de entrada y la parte de valor se puede utilizar para almacenar los resultados o las salidas.

Instalar paquetes requeridos para aplicaciones de aprendizaje automático

Algunos paquetes esenciales para instalar antes de comenzar cualquier ejercicio de aprendizaje automático se mencionan a continuación. Como se vio anteriormente, estos paquetes contienen varias funciones y características que se utilizarán en diferentes puntos al crear modelos y sistemas de aprendizaje automático.

Abre un terminal y ejecuta los siguientes comandos.

pip instalar numpy

pip instalar scipy

pip instalar SciKit-learn

pip instalar matplotlib

pip instalar pandas

Abra un script a.py y escriba el siguiente código o simplemente abra el terminal, escriba Python en el indicador y en el intérprete que se abre, escriba el siguiente fragmento de código para comprobar si los paquetes están instalados y verifique la versión de cada uno de los paquetes

Código de muestra

Comprobar las versiones de las bibliotecas.

Versión de Python

sistemas de importación

print ('Python: {}'. format (sys.version))

scipy

importar scipy

imprimir ('scipy: {}'. formato (scipy .__ version__))

numpy

importar número

imprimir ('numpy: {}'. formato (numpy .__ version__))

matplotlib

importar matplotlib

print ('matplotlib: {}'. format (matplotlib .__ version__))

pandas

importar pandas

imprimir ('pandas: {}'. formato (pandas .__ versión__))

SciKit-learn

importar sklearn

print ('sklearn: {}'. format (sklearn .__ version__))

La salida de la secuencia de comandos anterior debe tener este aspecto en el terminal:

Salida

Python: 2.7.11 (predeterminado, 1 de marzo de 2016, 18:40:10)

[GCC 4.2.1 Compatible Apple LLVM 7.0.2 (clang-700.1.81)]

scipy: 0.17.0

numpy: 1.10.4

matplotlib: 1.5.1

pandas: 0.17.1

sklearn: 0.18.1

Una vez que se hayan instalado los paquetes anteriores, abra el terminal, cree un script, importe estos paquetes, lea la documentación y juegue con algunas funciones básicas para tener una idea de lo que estos paquetes son capaces de hacer. En el capítulo siguiente, veremos cómo se utilizan algunas de las funciones de estos paquetes para lograr algunas funciones clave en la construcción de modelos de aprendizaje automático.

CINCO

Fregado y preparación de datos

El primer paso que debe comprender cuando se trata de construir un sistema de aprendizaje automático es identificar cómo recopila el conjunto de datos que se utilizará para entrenar el modelo. También debe asegurarse de tomarse un tiempo para limpiar los datos antes de enviarlos al sistema.

Debe preparar el conjunto de datos en función de la aplicación del sistema. Como principiante, puede utilizar los numerosos conjuntos de datos de muestra disponibles en Internet, como el conjunto de datos de bienes inmuebles, el conjunto de datos de Iris y el conjunto de datos del mercado de valores. Puedes descargar los conjuntos de datos y experimentar con ellos para aprender. La recopilación de datos para nuevas aplicaciones está fuera del alcance de este libro. Lo primero que deberá hacer es aprender a preparar los datos para usarlos para una aplicación específica.

Estos datos a menudo se generan utilizando transacciones de la vida real, y es más probable que contengan registros faltantes, datos ruidosos o entradas incorrectas. Una combinación de estos podría llevar a un caso de contradicción de datos. Este es un fenómeno en el que los puntos de datos en el conjunto de datos se contradicen entre sí y confundirán el modelo.

Veamos algunos de los errores comunes en un conjunto de datos y aprendamos a eliminarlos.

Datos ruidosos

El conjunto de datos de la vida real se genera utilizando señales de una variedad de sensores y algunos dispositivos de hardware. Cuando se recolectan los datos, puede haber "ruido" en el conjunto de datos debido a que algunas limitaciones del hardware son algunos errores en la calibración del hardware. Estos puntos de datos no deseados se denominan ruido y afectan la precisión de un modelo de aprendizaje automático.

Por ejemplo, cuando está grabando un sonido, el ruido de fondo es un dato innecesario que se recopila. Alternativamente, cuando un algoritmo de clasificación está tratando de clasificar cualquier fotografía en la biblioteca utilizando algunas herramientas de reconocimiento de imágenes, los objetos innecesarios en esas fotografías deberán ignorarse o eliminarse para asegurar que la máquina pueda identificar y clasificar la fotografía con precisión. Se utilizan varios métodos para minimizar este tipo de ruido como agrupamiento, agrupación, etc.

Un modelo de Binning logra esto ordenando la información y suavizándola en función de algunos puntos de datos vecinos, y este proceso se denomina proceso local de suavizado de datos. Un algoritmo de agrupamiento es útil para eliminar cualquier valor atípico. Veamos el siguiente ejemplo para entender el concepto de valores atípicos.

Supongamos que el modelo es una persona francesa, que está viajando a los Estados Unidos. El modelo deberá estar capacitado para hablar y entender inglés. Dado que Shakespeare es uno de los mejores dramaturgos y poetas de todos los tiempos, puedes elegir enseñar a la máquina todo sobre el inglés utilizando la poesía o los dramas de Shakespeare. Puede suponer que esta es la mejor manera de enseñar el modelo de inglés.

Cuando el modelo llega a Nueva York y prueba Shakespeare en inglés, el modelo visualiza que este idioma ya no se comprende. El modelo no puede responder a los locales, a pesar de que también hablan inglés. Esto significa que ha cambiado el modelo con datos relevantes, y el modelo no es lo suficientemente flexible como para adaptarse a los nuevos datos.

Este es un ejemplo de un modelo sobre ajuste, uno que tiene una alta varianza y bajo sesgo. Por lo tanto, este modelo no ayuda a la máquina a entrenar para nuevos conjuntos de datos. Esto se debe a que los conjuntos de datos de entrenamiento son obra de Shakespeare, mientras que el conjunto de datos de prueba es el uso del inglés coloquial en Nueva York. Si prueba el rendimiento del modelo basado en la aceptación social, aprenderá que los modelos fallan en términos de generalización.

Utilizando el ejemplo anterior, ahora debe comprender que la variación determinará la capacidad de un modelo para responder a cualquier conjunto de datos que se le proporcione. El modelo anterior tiene un alto interés de variación, ya que depende únicamente del conjunto de datos de entrenamiento. Por lo tanto, se puede entender que un modelo con alta variación nunca funcionará bien con un nuevo conjunto de datos de prueba.

El sesgo es una medida de la fuerza de las suposiciones que realiza sobre el punto de ajuste de datos en el ejemplo anterior, confiamos en que el trabajo de Shakespeare será suficiente para entrenar al modelo para aprender inglés. Este es el caso del sesgo bajo. Uno siempre debe ser escéptico sobre el conjunto de datos y nunca hacer suposiciones que no estén respaldadas por la razón.

El caso de un sesgo bajo en alta varianza se denomina como un modelo sobre ajustado. En palabras simples, un modelo siempre tiene un equilibrio equilibrado entre el sesgo y la varianza. La varianza es una medida del modelo, mientras que la base es una medida de la fuerza del conjunto de datos.

Veamos ahora qué sucederá si la ecuación se invierte a un modelo de alto sesgo y varianza. Este tipo de modelo se llama un modelo de ajuste inferior. Este tipo de modelo siempre socava el aprendizaje, son las lecciones del conjunto de datos de entrenamiento y no comprende la relación entre las variables de entrada y las variables de salida, lo que conduce a resultados inexactos.

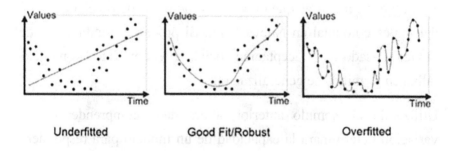

Imagen: Gráfico que muestra debajo del modelo ajustado frente al modelo ajustado.

Tratemos de entender esto con el ejemplo anterior.

Hagamos algunas suposiciones sobre el conjunto de datos y cambiemos el conjunto de datos de entrenamiento de Shakespeare a una serie popular llamada La casa de las cartas para aprender inglés. Según nuestra experiencia, le pediremos al modelo que elija unas pocas oraciones en un formato específico. Por ejemplo, puede pedirle al modelo que elija una oración que comience con un artículo e ignore todas las demás frases. Ahora que ha cambiado el modelo con este conjunto de datos mejorado, puede esperar que el resultado sea ligeramente mejor que en las calles de Nueva York. La conversación no tendrá sentido ya que no le ha pedido al modelo que comprenda la estructura fundamental del lenguaje. Esto se debe al alto sesgo del conjunto de datos.

Este es un ejemplo simple de los conceptos de sobreajuste y adaptación insuficiente de un modelo, y los problemas de sesgo y varianza que se abordan utilizando varios métodos como la validación cruzada. En este método, el conjunto de datos de entrenamiento se divide en grupos más pequeños y se validan varias veces.

En resumen:

- Sobre ajuste: este es un modelo que se basa demasiado en el conjunto de datos de entrenamiento

- Ajuste insuficiente: este modelo no comprende ninguna relación de subrayado entre las variables en el conjunto de datos de entrenamiento

- Alto sesgo: es el caso donde nuestras suposiciones conducen a ignorar los factores sobre los datos de entrenamiento

- Alta varianza: este es un caso donde la respuesta del modelo se ve afectada significativamente por un pequeño cambio en el conjunto de datos de entrenamiento

El ajuste excesivo y la falta de equipamiento resultarán en una generalización deficiente, por lo tanto, siempre se debe utilizar un conjunto de validación para ajustar el modelo para superar estas limitaciones.

Datos perdidos

Un segundo problema con los conjuntos de datos después de datos ruidosos es el caso de datos faltantes. Un conjunto de datos a menudo se alimenta en el modelo utilizando tuplas que son esencialmente un conjunto de características y atributos.

Si a un registro específico le faltan datos contra los atributos, esto no es información útil y el caso de datos faltantes. Una forma de abordar esto es escanear el conjunto de datos e ignorar cada tupla con atributos de datos inusuales o faltantes. Sin embargo, esta no es la forma más fácil y eficiente de abordar este problema.

La alternativa es identificar las tuplas de datos faltantes y completar manualmente los valores. Esto aumentará la precisión del conjunto de datos, pero no es una solución viable si está trabajando con grandes volúmenes de datos. Este es un proceso lento e ineficiente. Una solución más sofisticada es mirar el conjunto de datos y predecir cuáles pueden ser los valores faltantes. Esto puede llevar a un sesgo en los datos, ya que las predicciones no siempre serán precisas, lo que dará lugar a algunas diferencias. Siempre puede verificar y comparar los resultados obtenidos haciendo algunos cambios en los registros faltantes en las tuplas.

La última opción es hacer algunas inferencias basadas en los algoritmos. Puede algunos algoritmos comunes para inferir o predecir lo que puede ser un valor perdido. Los algoritmos comunes utilizados son los árboles de decisión y las fórmulas bayesianas.

Datos inconsistentes / Eliminación de duplicados

Otro problema con la discrepancia de datos es el caso de los duplicados, cuando se repiten algunos valores. Esto conduce a algunas inconsistencias en la salida, la mayoría de las cuales se pueden corregir manualmente. También puede usar algunas herramientas para detectar estos duplicados y corregir esta anomalía. Un ejemplo clásico de un conjunto de datos que enfrenta los problemas de duplicación son los sistemas de registro de pacientes en los hospitales. Hay algunos registros de datos que se refieren al mismo paciente con diferentes atributos en diferentes visitas.

Veamos un ejemplo y veamos cómo se puede manejar el problema con los datos faltantes cuando se construye un sistema de aprendizaje automático. Esto es importante ya que la mayoría de los algoritmos estadísticos nunca continuarán con el procesamiento de la información, a menos que el conjunto de datos esté completo y no haya pérdida de una variable.

Por lo tanto, es importante eliminar los datos faltantes o completar los datos faltantes con algunos valores predichos. El primer paso es determinar si el problema es realmente un caso de datos faltantes. Verá la necesidad de evaluar si la fuente del conjunto de datos está causando la inconsistencia en el conjunto de datos. Los datos pueden faltar porque se olvidó de ser incluido o no hubo relevancia. Además, también podría haber sido ignorado en la fuente.

En esta sección, veremos cómo puede usar Python para solucionar el problema con datos faltantes. El conjunto de datos de muestra elegido es de bienes raíces. Por favor, Google para descargar el archivo de estudio de casos de bienes raíces de Sacramento.csv.

En el siguiente ejemplo, veremos cómo puede marcar y eliminar registros incompletos, y también identificar o calcular el valor promedio y el uso que predice los valores de los atributos faltantes en el conjunto de datos.

Paso 1

El primer paso es descargar el conjunto de datos, verificar el conjunto de datos y entenderlo. El archivo csv tendrá cerca de 1000 registros y 11 honorarios, incluido el nombre de la calle, la ciudad, la fecha de venta y el costo. Siga los pasos que se indican a continuación para identificar los valores faltantes en el conjunto de datos.

Open Python Interpreter on terminal and creator a file "RealEstate_MissingValue.py" for the Python script

Ahora coloque este archivo.py y el archivo.csv que contiene el conjunto de datos que deben procesarse en la misma carpeta de trabajo.

Abra el archivo .py y escriba el siguiente código

Código de muestra

desde pandas import read_csv

dataset = read_csv (RealEstate.csv)

#Imprimir las primeras 10 filas de datos

imprimir (dataset.head (10))

El código anterior abrirá el archivo csv, leerá las primeras 10 líneas del código e imprimirá en la salida, lo que permitirá al usuario ver que cualquier atributo esencial no puede tener un valor nulo. Usando esto, ahora puede agregar la siguiente condición en Python para verificar cualquier valor nulo en los atributos e identificar cualquier entrada de datos no válida.

Paso 2

El siguiente paso es marcar cualquiera de estas entradas faltantes usando el siguiente fragmento de código. Abra el mismo archivo.py y modifique el fragmento anterior a esto:

Código de muestra

desde pandas import read_csv

Importar número

79

dataset = read_csv (RealEstate.csv)

#Imprimir las primeras 10 filas de datos

imprimir ((conjunto de datos [[4,5,6,9]] == 0) .sum ())

El código anterior identificará el número de ceros o valores nulos en cada columna, los etiquetará como verdaderos y proporcionará la lista de filas de datos donde esta variable es 0. Esto le ayudará a identificar las tuplas con un error.

Paso 3

Los siguientes pasos para reemplazar cada valor cero o nulo con algunas marcas que indicarán que el valor faltante deberá completarse cuando el algoritmo atraviese el conjunto de datos.

La mayoría de los programadores utilizaron la etiqueta "no disponible" para identificar los datos faltantes. Puede hacer lo mismo usando las funciones incorporadas replace () e insnull ().

Las operaciones posteriores sabrán que deberán ignorar las variables de datos o los puntos marcados como nulos.

Código de muestra

desde pandas import read_csv

importar número

dataset = read_csv (RealEstate.csv, header = none)

#Mark cero valores como faltantes o NaN

imprimir ((conjunto de datos [[4,5,6,9]] == 0) .replace (0, numpy.NaN))

#contar el número de valores de NaN en cada columna

print (dataset.insnull (). sum ())

La función insnull () se usa para contar el número de NaN. Esta función forma parte del paquete numpy y, por lo tanto, deberá importar el paquete para usar las funciones que forman parte de él.

Una vez que se ejecuta el script, la salida generada contendrá el número de variables nulas. Puede verificar este valor de forma cruzada utilizando la salida anterior que contiene el número de ceros. De esta manera, puede asegurarse de que cada valor 0 y ninguno se haya reemplazado con la etiqueta "NaN".

Puede llevar a cabo las técnicas de validación utilizando un tema diferente en el archivo csv, como:

imprimir (dataset.loc [60:80, [4,5,6,9]])

Paso 4

Ahora que se han identificado los valores nulos y que se ha marcado la falta de uso, el siguiente paso es limpiar los datos mencionados eliminando estos puntos de la base de datos. Los algoritmos como LDA o el algoritmo de análisis discriminante lineal no funcionarán si hay NaN en el conjunto de datos. Lanzarán el siguiente error:

"EOF inesperado al analizar el archivo"

Debe utilizar la función "dropna ()" para superar este problema. Esta función está disponible como parte del "panda" y se puede usar para eliminar estos registros de NaN de la siguiente manera

desde pandas import read_csv

importar número

dataset = read_csv (RealEstate.csv, header = none)

#Mark cero valores como faltantes o NaN

imprimir ((conjunto de datos [[4,5,6,9]] == 0) .replace (0, numpy.NaN))

#drop filas con valores perdidos

dataset.dropna (inplace = True)

Paso 5

Ahora que se borra el conjunto de datos, el tamaño del conjunto de datos se reducirá significativamente. Si desea completar valores aproximados en el conjunto de datos, debe seguir los siguientes pasos:

- Valor aleatorio seleccionado de otro registro.

- Utilice un valor constante.

- Valor medio o modo de los registros.

- Importar valores desde otros modelos.

Puedes usar la función 'fillna ()' del paquete panda. El siguiente código le mostrará cómo puede usar esta función:

```
desde pandas import read_csv

importar número

dataset = read_csv (RealEstate.csv, header = none)

#Mark cero valores como faltantes o NaN

imprimir ((conjunto de datos [[4,5,6,9]] == 0) .replace (0, numpy.NaN))

# rellenar los valores medios en cada columna usando la función fillna

dataset.fillna (dataset.mean (), inplace = True)

#Contar el número de NaN en cada columna e imprimir los valores

print (dataset.insnull (). sum ())
```

Este no es un paso esencial en la mayoría de los algoritmos de agresión y clasificación. Esto se debe a que pueden ignorar fácilmente los valores faltantes en un conjunto de datos o solucionarlo.

Preparación de datos

En la sección anterior, fuimos a la primera parte o sección de la preparación de un conjunto de datos. Antes de utilizar el conjunto de datos en un modelo, deberá seguir los pasos que se indican a continuación.

Integración de datos

En la mayoría de los escenarios, el conjunto de datos se recopila de múltiples fuentes. El proceso requerido para integrar todos los datos en un formato consistente se llama integración de datos. Considere el siguiente ejemplo. Usted está recopilando datos de bienes raíces de diferentes partes del mundo. Las unidades de medida pueden ser yardas, metros cuadrados y así sucesivamente. Para que pueda utilizar todas estas medidas en un solo sistema, deberán alinearse o convertirse en un solo formato. Una combinación que surge en estos casos es la redundancia de datos, que se puede superar mediante el análisis de correlación. Esto dará como resultado datos de alta calidad que aseguran que pueda capacitar bien a su modelo.

Transformación de datos

A veces es eficiente usar datos en un formato específico. El proceso de conversión de los datos disponibles introducidos en el formato deseable se denomina transformación de datos. El objetivo es convertir los datos de una unidad de formato a otra. Por ejemplo, es posible que necesite convertir el formato de un formato no lineal a un formato lineal para garantizar que el análisis de datos sea más significativo.

Algunas de las técnicas de transformación comunes son:

Agregación

En esta técnica, dos o más variables de un atributo similar se agregarán en un solo valor. Este valor puede ser un valor de resumen. Por ejemplo, puede combinar múltiples atributos de categorías en una sola variable.

Normalización

Este método se usa a menudo cuando necesita representar un grupo de datos utilizando rangos específicos. Por ejemplo, puede normalizar cualquier valor de señal que caiga en un rango y escala específicos. Algunas formas de hacer esto son la normalización mín.-Máx., La normalización mediante escalado decimal y la normalización de la puntuación z. La elección de normalizar o no depende de los datos con los que se trata.

Generalización

Uno puede pensar que esta técnica es lo opuesto a la agregación. La agregación es el proceso en el que se calcula un resumen de algunas variables. La generalización es el proceso de transformación de los valores de nivel inferior en valores de alto nivel. Este método también se llama jerarquía escalada.

Construcción de atributos

Esta técnica se usa cuando uno es para realizar cualquier análisis simple. Puede extraer nuevos atributos de atributos previamente disponibles.

Reducción de datos

Este concepto está relacionado con la preparación de un conjunto de datos para entrenar un modelo. El objetivo de cualquier análisis es diseñar una salida significativa utilizando los datos de entrada. Esto significa que debería poder usar valores numéricos si es necesario. Lleva tiempo trabajar con grandes conjuntos de datos, y hay veces en que no es factible trabajar con grandes conjuntos de datos. En estos casos, es posible utilizar la técnica de reducción de datos.

Puede reducir los datos de entrada utilizando algunos algoritmos comprobados para generar una representación efectiva del conjunto de datos sin afectar la precisión de los datos originales. La idea detrás de la reducción de datos es facilitar que usted sea el modelo para analizar los datos mediante la eliminación de cualquier ruido, redundancia en los datos y datos faltantes. Esto ayudará a mejorar la eficiencia de un algoritmo de aprendizaje. Este método viene con sus ventajas y desventajas que cualquier desarrollador o programador debe conocer.

Pros

- Se reduce la complejidad de los datos.

- Solo los atributos más importantes están en foco.

- La complejidad computacional de los sistemas se reduce significativamente.

- La reducción del conjunto de datos hace que la salida sea menos compleja y, por lo tanto, fácil de entender y utilizar en las aplicaciones.

Contras

- La reducción de datos puede no ser aplicable dependiendo de la naturaleza del conjunto de datos.

- Una de las otras desventajas principales de la reducción de datos es que algunos de los principales datos esenciales podrían ser descartados incorrectamente durante el proceso de reducción, impactando negativamente los resultados de salida.

En conclusión, hay tres reglas básicas que deben aplicarse para determinar si alguno de estos pasos de preparación de datos son aplicables para cualquier aplicación elegida. Son

- Cada columna de formas variables

- Cada valor tiene su propia celda.

- Cada observación forma una fila.

Estas reglas ayudarán a garantizar que la preparación de los datos sea efectiva y que sea más fácil para el modelo procesar el conjunto de datos. Al modelo también le resultará fácil generar cualquier visualización si es necesario.

Métodos de reducción de dimension

Las bases de datos que utilizamos tienen millones de miles de registros y variables. Es imposible identificar si estas variables dependen unas de otras o no. Es más difícil de entender si existe alguna correlación entre las diferentes variables en el conjunto de datos. Es importante que el usuario o los ingenieros siempre sepan que habrá múltiples colineales en el conjunto de datos. Esta es una condición en la que las variables predictoras en el conjunto de datos están correlacionadas de alguna manera.

Hay mucha inestabilidad que surge en las soluciones si hay múltiples colinealidades entre las variables dentro del conjunto de datos. Esto conducirá a resultados inconsistentes e incoherentes. Por ejemplo, si observa algunos modelos de regresión múltiple, encontrará que hay múltiples correlaciones entre las diferentes variables de predicción. Esto dará como resultado una solución que está sesgada hacia la correlación entre las variables predictoras. Si esto sucede, ninguna de estas variables predictoras tendrá un impacto en el conjunto de soluciones si se usa de forma independiente.

Si un usuario incluye variables con altos niveles de correlación entre ellos, esto llevará a un énfasis excesivo en algunos componentes del modelo. Esto se debe a que un componente específico se cuenta o se considera dos veces.

Si se usan demasiadas variables de predicción, y surgirán complicaciones innecesarias donde deberá identificar cómo modelar la relación entre una variable de predicción y una variable de respuesta. Esto también complicará la interpretación y el análisis, ya que viola el principio de parsimonia. Este principio establece que un analista siempre debe atenerse a un número específico de variables de proyector que le facilitará la interpretación del análisis. Si utilizaba demasiadas variables, existe la posibilidad de que pueda adaptar de forma excesiva los datos, lo que provocará algunos obstáculos en el análisis. Esto se debe a que los nuevos datos que se obtienen no se comportarán de la misma manera que los datos de depredadores o los datos de entrenamiento utilizados.

Esto también podría significar que el análisis omitirá las relaciones que se encuentran entre las impresoras. Por ejemplo, pueden ser una sola impresión una variable que puede caer en un solo grupo o un componente que puede abordar solo un aspecto de los datos. Si observa la cuenta de cualquier persona, deberá agrupar el saldo de la cuenta o los ahorros y depósitos se realizan desde esa cuenta en una categoría.

Hay muchas aplicaciones que analizan la imagen, en las que es difícil retener la dimensionalidad completa de una variable, ya que dificultará la salida. Los seres humanos siempre pueden entender algunos patrones en una imagen de un vistazo. Estos patrones eludirán el ojo humano si estuvieran representados de manera gráfica o algebraica. Una técnica de visualización avanzada no puede ir más allá de cinco dimensiones. ¿Cómo dice que puede identificar una relación que existirá entre diferentes variables en un conjunto de datos masivos?

El objetivo del método de reducción de dimensión es utilizar una estructura de correlación entre las diferentes tasas disponibles para completar los siguientes objetivos:

- Reducir el número de componentes del predictor en el conjunto de datos

- Asegúrese de que estos componentes del predictor sean independientes entre sí

- Proporcionar un marco dinámico, que ayude en la interpretación del análisis.

- Los métodos de reducción de dimensión más comunes son Análisis de componentes principales (PCA), Compuestos definidos por el usuario y Análisis factorial.

Validación cruzada utilizando la técnica K-Fold

Este es un paso estadístico que se aplica en los datos de muestra para verificar la validez de cualquier sistema de aprendizaje automático. Esto se utiliza principalmente para evaluar el rendimiento de cualquier modelo de aprendizaje automático. El beneficio de usar este método es para el mejor rendimiento del modelo utilizando un pequeño conjunto de datos de muestra. También puede determinar cómo se comportará el modelo de aprendizaje automático para nuevos conjuntos de datos o conjuntos de datos similares. Este método se utiliza para evaluar el modelo de aprendizaje automático.

Una técnica de validación común es el uso de la técnica de validación cruzada k veces un conjunto de muestra dado se divide en dos subconjuntos: conjunto de datos de entrenamiento y conjunto de datos de prueba. El ingeniero puede decidir dividir los datos en partes iguales o en partes k y k - 1. Primero prefirió este método para validar el modelo ya que es fácil de implementar, fácil de entender y los resultados de este modelo tienen un sesgo bajo y se comparan con otros modelos.

Generación de conjuntos de datos de prueba

Cuando trabaja en aplicaciones de aprendizaje automático, los usuarios, especialmente los principiantes, siempre usarán los conjuntos de datos disponibles en Internet, como el conjunto de datos Iris. Pueden usar este conjunto de datos para probar los modelos. Los científicos de datos a menudo trabajan en grandes volúmenes de datos, tienen sus propios sensores y hardware para recopilar datos en tiempo real y usarlos para entrenar el modelo. También permiten que el modelo dibuje inferencias basadas en ese conjunto de datos.

Alternativamente, el desarrollador también puede generar sus propios conjuntos de datos de prueba. Estos conjuntos de datos son aleatorios y se crean utilizando algunas bibliotecas incorporadas en Python. Son extremadamente útiles cuando se trata de aprender a desarrollar modelos de aprendizaje automático. También es una buena idea generar su propio conjunto de datos de prueba si desea utilizar conjuntos de datos confiables para probar su modelo.

Un conjunto de datos de prueba es un pequeño lote de datos que le permitirá probar el modelo. La ventaja de utilizar estos conjuntos de datos es que tienen propiedades bien definidas como la linealidad y la no linealidad. Esto permitirá al usuario explorar los diferentes escenarios y comprender cómo se comporta el algoritmo en cada escenario.

Python utiliza la biblioteca de aprendizaje de sci kit para este propósito. Esta biblioteca viene armada con una variedad de funciones que puede utilizar para generar algunas muestras basadas en problemas de prueba configurables. Es una buena idea generar conjuntos de datos solo para modelos de clasificación y regresión usando esta biblioteca.

En esta sección, veremos cómo Python utiliza la biblioteca para trabajar en algunos problemas de prueba, como generar un problema de predicción de regresión lineal o un problema de predicción de clasificación binaria.

Conjuntos de datos de prueba

A la mayoría de los principiantes les resulta difícil desarrollar e implementar un algoritmo de aprendizaje automático, ya que no pueden evaluar si el modelo funciona correctamente.

A diferencia de otros algoritmos de programación clásicos, un algoritmo de aprendizaje automático utilizará un script de un programa que se ejecutará independientemente de los encabezados del programa. Cuando prueba el modelo con datos reales, puede identificar las brechas en el modelo. Para evitar tales sorpresas en la etapa de prueba, el desarrollador generará un conjunto de datos de prueba para depurar el algoritmo y mantenerlos listos para una prueba.

Estos conjuntos de datos de prueba también son útiles para comprender el comportamiento de un algoritmo y cómo responde a los cambios en el conjunto de datos oa parámetros extremos.

Como se mencionó anteriormente, la ventaja de generar un conjunto de datos de prueba es que es integral y hay una gran variedad de propiedades que puede incluir en el conjunto de datos. Algunas de las propiedades que debe incluir en su conjunto de datos de prueba son las siguientes:

- Son fáciles de generar y también son extremadamente rápidos.

- Los conjuntos de datos de prueba contienen resultados conocidos o denominados de otra manera como resultados entendidos que son extremadamente útiles en el caso de comparación con predicciones

- Los datos así generados son de naturaleza estocástica, en el sentido de que permite variaciones aleatorias en el mismo modelo de problema cada vez que se generan.

- Debido a que los conjuntos de datos son pequeños en tamaño, son muy fáciles de visualizar y usar.

- Debido a que son datos de prueba, uno no está limitado por ninguna restricción, lo que permite que el conjunto de datos se amplíe fácilmente, con un aumento de datos trivial.

- Sci kit learn library, que viene armado con una serie de funciones para generar tales muestras basadas en problemas de prueba configurables para modelos de aprendizaje supervisado basados tanto en clasificación como en regresión.

- El modelo de clasificación trata el problema de asignar una etiqueta a las observaciones.

La API make_blobs () se utiliza para generar blobs en la distribución gaussiana. El usuario puede controlar el recuento de blobs, así como la cantidad de muestras que se generarán y el host de otras propiedades del blob. Este tipo de problema de clasificador es adecuado para problemas de clasificación lineal dada la naturaleza linealmente separable del blob.

En el ejemplo de código que se proporciona a continuación, generó un conjunto de datos en 2d con tres manchas como un problema de predicción de clasificación de varias clases. Cada observación tiene dos entradas y cero, uno, dos o tres valores de clase.

Aquí hay un código de ejemplo en Python para generar conjuntos de datos de prueba de ejemplo para probar varios modelos de aprendizaje automático

Código de muestra

```
# generar 2d conjunto de datos de clasificación

X, y = make_blobs (n_samples = 100, centers = 3,
n_features = 2)

desde sklearn.datasets.samples_generator import
make_blobs

desde matplotlib import pyplot

desde pandas import DataFrame

# generar 2d conjunto de datos de clasificación

X, y = make_blobs (n_samples = 100, centers = 3,
n_features = 2)

# diagrama de dispersión, puntos de color por valor de clase

df = DataFrame (dict (x = X [:, 0], y = X [:, 1], label = y))

colors = {0: 'red', 1: 'blue', 2: 'green'}

fig, ax = pyplot.subplots ()

agrupado = df.groupby ('etiqueta')
```

Por clave, agrupados en agrupados:

```
group.plot (ax = ax, kind = 'scatter', x = 'x', y = 'y', label =
key, color = colors [key])

pyplot.show ()
```

Algoritmo de clasificación de lunas binarias

Este es un algoritmo de clasificación binaria y se llama así porque la salida es un patrón de remolino que probablemente se vea como dos lunas. Este es un modelo adecuado que involucra conjuntos de datos con límites de clases no lineales

Código de muestra

```
# generar 2d conjunto de datos de clasificación

x, y = make_moons (n_samples = 100, noise = 0.1)

desde sklearn.datasets import make_moons

desde matplotlib import pyplot

desde pandas import DataFrame

# generar 2d conjunto de datos de clasificación

X, y = make_moons (n_samples = 100, noise = 0.1)

# diagrama de dispersión, puntos de color por valor de clase

df = DataFrame (dict (x = X [:, 0], y = X [:, 1], label = y))

colores = {0: 'rojo', 1: 'azul'}

fig, ax = pyplot.subplots ()
```

```
agrupado = df.groupby ('etiqueta')
```

Por clave, agrupados en agrupados:

```
group.plot (ax = ax, kind = 'scatter', x = 'x', y = 'y', label =
key, color = colors [key])
```

```
pyplot.show ()
```

Conjuntos de datos de prueba de regresión

Estos conjuntos de datos se pueden usar para probar cómo reaccionará el modelo a un cambio en el conjunto de datos. Las variables de entrada y salida en el conjunto de datos compartieron relación lineal. Siempre puede configurar el número de funciones de entrada, el número de muestras, el nivel de ruido y más. Este conjunto de datos siempre es adecuado para un algoritmo que puede aprender una función de regresión lineal. El siguiente ejemplo generará 100 ejemplos con una característica de entrada y una característica de salida con ruido moderado.

Código de muestra

```
desde sklearn.datasets import make_regression
```

```
desde matplotlib import pyplot
```

```
# generar regresión dataset
```

```
X, y = make_regression (n_samples = 100, n_features = 1,
noise = 0.1)
```

```
# conjunto de datos de regresión de parcela
```

```
pyplot.scatter (X, y)
```

```
pyplot.show ()
```

SEIS

Construyendo un modelo de aprendizaje automático con Python

No es un proceso lineal construir un modelo de aprendizaje automático. Como se vio anteriormente, hay una serie de pasos que deberá seguir:

- Define el problema.

- Preparar los datos.

- Evaluar los algoritmos.

- Mejorar los resultados.

- Presentar los resultados.

Para ser más específicos, las letras analizan los pasos necesarios para construir un modelo simple de aprendizaje automático utilizando Python. Comenzaremos desde la carga de los conjuntos de datos de muestra hasta la visualización predictiva.

Instalando la plataforma Python y SciPy

En los capítulos anteriores hemos visto cómo instalar Python y las otras bibliotecas relevantes. También aprendimos a verificar si las últimas versiones de estas bibliotecas se han instalado utilizando un script simple. El siguiente comando que debe saber es cómo importar una biblioteca para construir un modelo de aprendizaje automático.

Código de muestra

Cargar bibliotecas

importar pandas

de pandas.plotting import scatter_matrix

importar matplotlib.pyplot como plt

desde sklearn import model_selection

de sklearn.metrics import ranking_report

desde sklearn.metrics import confusion_matrix

desde sklearn.metrics importar precision_score

desde sklearn.linear_model import LogisticRegression

desde sklearn.tree import DecisionTreeClassifier

desde sklearn.neighbors import KNeighborsClassifier

from sklearn.discriminant_analysis import LinearDiscriminantAnalysis

desde sklearn.naive_bayes import GaussianNB

desde sklearn.svm import SVC

Cargando el conjunto de datos

Puede utilizar cualquiera de los conjuntos de datos disponibles en Internet para este fin. Veremos cómo puede cargar ese conjunto de datos en Python y utilizarlo para realizar su análisis. Siempre es una buena idea usar el conjunto de datos de Iris si es un principiante, ya que es simple y hay muchos recursos disponibles en línea para ese conjunto de datos. Puede descargar este conjunto de datos desde la siguiente ubicación: https://archive.ics.uci.edu/ml/datasets/Iris. Este es uno de los mejores conjuntos de datos disponibles en el espacio de reconocimiento de patrones.

Puede cargar directamente los datos desde el sitio web de origen, pero en el siguiente ejemplo utilizaremos la biblioteca de pandas para cargar el conjunto de datos usando la columna nombrada y en una forma tabular adecuada para la visualización de datos.

Código de muestra

Cargar conjunto de datos

url = "https://raw.githubusercontent.com/jbrownlee/Datasets/master/iris.csv"

names = ['sepal-length', 'sepal-width', 'petal-length', 'petal-width', 'class']

conjunto de datos = pandas.read_csv (url, nombres = nombres)

En caso de problemas de acceso a la red, el conjunto de datos se puede descargar como archivo .csv desde esta ubicación y se puede almacenar en el sistema de archivos local y también se puede cargar.

Summarizing the dataset

In this type, you will need to find the dimensions of the data set. This means that you will need to calculate the number of rows and columns in the data set. The rows and column represent instances and attributes respectively.

Código de muestra

forma

imprimir (dataset.shape)

La salida debe ser (150,5) 150 instancias con 5 atributos.

El siguiente paso es mirar el conjunto de datos, comprender los datos con los que está trabajando. Para este propósito, puede utilizar el siguiente fragmento de código donde verá las primeras veinte filas del conjunto de datos.

Código de muestra

cabeza

imprimir (dataset.head (20))

Salida de muestra: la salida para la línea de código anterior en el terminal debería ser algo como la tabla a continuación

de sépalo de largo sépalo de ancho pétalo de largo pétalo de ancho clase

0 5.1 3.5 1.4 0.2 Iris-setosa

1 4.9 3.0 1.4 0.2 Iris-setosa

2 4.7 3.2 1.3 0.2 Iris-setosa

3 4.6 3.1 1.5 0.2 Iris-setosa

4 5.0 3.6 1.4 0.2 Iris-setosa

5 5.4 3.9 1.7 0.4 Iris-setosa

6 4.6 3.4 1.4 0.3 Iris-setosa

7 5.0 3.4 1.5 0.2 Iris-setosa

8 4.4 2.9 1.4 0.2 Iris-setosa

9 4.9 3.1 1.5 0.1 Iris-setosa

10 5.4 3.7 1.5 0.2 Iris-setosa

11 4.8 3.4 1.6 0.2 Iris-setosa

12 4.8 3.0 1.4 0.1 Iris-setosa

13 4.3 3.0 1.1 0.1 Iris-setosa

14 5.8 4.0 1.2 0.2 Iris-setosa

15 5.7 4.4 1.5 0.4 Iris-setosa

16 5.4 3.9 1.3 0.4 Iris-setosa

17 5.1 3.5 1.4 0.3 Iris-setosa

18 5.7 3.8 1.7 0.3 Iris-setosa

19 5.1 3.8 1.5 0.3 Iris-setosa

El siguiente paso es obtener un resumen descriptivo de los datos con los que vamos a trabajar. La línea de código para ver el mismo es.

Código de muestra

descripciones

imprimir (dataset.describe ())

Salida de muestra

Sépalo de largo sépalo de ancho pétalo de largo pétalo de ancho

recuento 150.000000 150.000000 150.000000 150.000000

media 5.843333 3.054000 3.758667 1.198667

std 0.828066 0.433594 1.764420 0.763161

min 4.300000 2.000000 1.000000 0.100000

25% 5.100000 2.800000 1.600000 0.300000

50% 5.800000 3.000000 4.350000 1.300000

75% 6.400000 3.300000 5.100000 1.800000

máx. 7.900000 4.400000 6.900000 2.500000

Una vez que observa la matriz del conjunto de datos para cada instancia, debe ver cómo se puede clasificar cada instancia.

Código de muestra

distribución de clase

print (dataset.groupby ('class'). size ())

Salida de muestra

clase

Iris-Setosa 50

Iris-versicolor 50

Iris-virginica 50

Visualizando el conjunto de datos

Debe tener una comprensión justa sobre los datos con los que estamos trabajando. Por lo tanto, el siguiente paso es visualizar todo el conjunto de datos. Puede usar los gráficos de visualización para el mismo: gráfico univariado que ayudará al científico de datos o al ingeniero a comprender mejor los atributos o un espacio multivariado que permitirá al usuario ver la relación que existe entre los diferentes atributos.

En el gráfico univariado, solo se ve un atributo y, por lo tanto, la visualización se puede basar en el tipo de datos. Dado que la mayoría de los datos que utilizamos son de naturaleza numérica, puede usar el siguiente código para generar un diagrama de caja y bigotes.

Código de muestra

parcelas de caja y bigotes

dataset.plot (kind = 'box', subplots = True, layout = (2,2), sharex = False, sharey = False)

plt.show ()

La salida generada nos dará una idea mucho mejor sobre la distribución de los datos de entrada.

En caso de que desee crear otras visualizaciones, digamos por ejemplo un histograma, el código para hacerlo sería algo como esto

Código de muestra

histogramas

dataset.hist ()

plt.show ()

Desde la gráfica que se genera, si está familiarizado con las matemáticas, verá que los valores de los atributos siguen una distribución Gaussiana o normal. Esta es una inferencia útil para tener. Puede utilizar esta información para determinar qué tipo de algoritmo de aprendizaje automático desea utilizar.

Usando el gráfico multivariado, puede determinar la relación que existe entre los diferentes atributos.

Código de muestra

matriz de la gráfica de dispersión

scatter_matrix (conjunto de datos)

plt.show ()

El código anterior le dará un diagrama de dispersión que muestra la relación entre dos atributos. Este gráfico indicará una gran cantidad de mapeo diagonal que indica que existe una alta correlación entre las variables. Por lo tanto, existe una relación predecible entre los puntos de datos en el conjunto de datos.

Evaluando algunos algoritmos.

Este es un paso crucial en la razón por la cual elegirá el modelo de aprendizaje automático que desearía usar para el conjunto de datos. La elección del algoritmo modular depende de las influencias que haya realizado en todos los pasos anteriores.

Una vez que haya identificado el modelo, el siguiente conjunto de datos de validación del generador de episodios que puede utilizar para determinar la elección de su modelo de datos. También debe utilizar un modelo estadístico para evaluar la precisión del modelo.

Para crear el conjunto de datos de validación, debe ocultar una parte del conjunto de datos real del modelo y usar ese conjunto de datos para probar la precisión de su modelo.

Código de muestra

Dataset de validación de división

array = dataset.values

X = matriz [:, 0: 4]

Y = matriz [:, 4]

validation_size = 0.20

semilla = 7

```
X_train, X_validation, Y_train, Y_validation =
model_selection.train_test_split (X, Y, test_size =
validation_size, random_state = seed)
```

El siguiente paso es escribir un algoritmo para validar cruzadamente los datos. En este ejemplo utilizaremos el algoritmo de validación cruzada de 10 pasos. En este paso, el conjunto de datos se dividirá en 10 partes, el modelo se entrenará utilizando 9 de las 10 partes. La última parte se utiliza para probar el modelo. Este proceso se repite hasta que tenga un conjunto de resultados que puede usar para comparar la precisión del modelo.

Código de muestra

Opciones de prueba y métrica de evaluación

semilla = 7

puntuación = 'precisión'

Puedes usar cualquier número al azar como la semilla. Uno puede usar la función rand () u otros generadores de números aleatorios en Python para obtener un valor semilla. La precisión en el código anterior es una métrica de cinturón libre que está disponible en la biblioteca, y podemos usar cualquier variable para puntuar o validar el modelo. Esta variable en particular es una relación del número de predicciones correctas al número de predicciones incorrectas.

La construcción de modelos

Esta es una habilidad que puede adquirir solo con el método de prueba y error y con mucha práctica. Por ahora, siempre elegirá el mejor modelo en función de la información que hemos recopilado en los pasos anteriores.

Dado que los datos son lineales, usaremos algunos modelos de clasificación comunes como la regresión logística, el análisis discriminante lineal o LDA, los ingenuos Bayes, el k vecino más cercano I son compatibles con el algoritmo de la máquina de vectores.

Ahora puede evaluar cada uno de estos modelos con el conjunto de datos de prueba preparados.

Código de muestra

Algoritmos de comprobación de puntos

modelos = []

models.append ((" LR ', LogisticRegression ()))

models.append ((" LDA ', LinearDiscriminantAnalysis ()))

models.append ((" KNN ', KNeighborsClassifier ()))

models.append ((" CART ', DecisionTreeClassifier ()))

models.append ((" NB ', GaussianNB ()))

models.append ((" SVM ', SVC ()))

evaluar cada modelo a su vez

resultados = []

nombres = []

Por nombre, modelo en modelos:

```
kfold = model_selection.KFold (n_splits = 10, random_state = seed)

cv_results = model_selection.cross_val_score (model, X_train, Y_train, cv = kfold, scoring = scoring)

results.append (cv_results)

names.append (nombre)

msg = "% s:% f (% f)"% (name, cv_results.mean (), cv_results.std ())

imprimir (msg)
```

Es extremadamente sencillo probar, evaluar y elegir el modelo de aprendizaje automático. Hay muy pocas líneas de código que necesitarás escribir para algo que parezca complejo. Este es el poder de usar Python ya que tiene una gran cantidad de bibliotecas que ocultarán todas las complejidades. Esto le permitirá al usuario enfocarse solo en la lógica y usar las funciones correctas para desarrollar el modelo.

A continuación se muestra el resultado de muestra generado para ejecutar el código anterior:

Salida de muestra

LR: 0.966667 (0.040825)

LDA: 0.975000 (0.038188)

KNN: 0.983333 (0.033333)

109

CARRITO: 0.975000 (0.038188)

NB: 0.975000 (0.053359)

SVM: 0.981667 (0.025000)

A partir de los datos de salida generados, se puede ver el algoritmo K-Nearest vecino que indica la precisión entre todos los demás algoritmos de la carrera.

Otro aspecto interesante que debe tener en cuenta es visualizar la salida que se genera para una referencia fácil. Puede trazar los datos de salida en un gráfico, como un histograma, para usar los mejores algoritmos.

Código de muestra

```
# Comparar los algoritmos

fig = plt.figure ()

fig.suptitle ('Comparación de algoritmos')

ax = fig.add_subplot (111)

plt.boxplot (resultados)

ax.set_xticklabels (nombres)

plt.show ()
```

Será claramente visible que K el vecino más cercano tiene una mejor precisión que los demás en la carrera.

Ahora puedes hacer algunas predicciones. Se descubrió que el algoritmo K vecino más cercano es el modelo más preciso para nuestro conjunto de datos Iris, por lo que se puede elegir el mismo para el siguiente y último paso en la construcción de un modelo de aprendizaje automático con Python, que se utilizará para hacer las predicciones.

Código de muestra

Hacer predicciones en el conjunto de datos de validación

knn = KNeighborsClassifier ()

knn.fit (X_train, Y_train)

predicciones = knn.predecir (X_validación)

imprimir (precision_score (Y_validation, predictions))

imprimir (confusion_matriz (validación Y, predicciones))

imprimir (informe de clasificación (validación Y, predicciones))

Este resultado de muestra que se genera al usar el modelo sobre indica que la precisión del modelo es del 90%. La matriz de confusión generada indica que se ha cometido el error. El informe de clasificación final que se genera indica el desglose de los errores y proporciona información sobre los datos específicos de cada clase. Los datos de validación indicaron que los que hemos creado ahora se pueden usar para probar la precisión del modelo.

Salida de muestra

0.9

[[7 0 0]

[0 11 1]

[0 2 9]]

memoria de precisión soporte de puntuación F1

Iris-setosa 1.00 1.00 1.00 7

Iris-versicolor 0.85 0.92 0.88 12

Iris-virginica 0.90 0.82 0.86 11

promedio / total 0,90 0,90 0,90 30

CAPÍTULO
SIETE

Implementación de
Algoritmos Supervisados

En la introducción al aprendizaje automático, aprendimos que existen diferentes aplicaciones del aprendizaje automático. Dependiendo de la aplicación que quiera construir, hay diferentes categorías de aprendizaje, como aprendizaje supervisado, aprendizaje no supervisado y aprendizaje reforzado.

Si recuerda, hay diferentes algoritmos que tenemos el signo en cada una de estas categorías. En este capítulo veremos algunos de los algoritmos que se utilizan en la categoría de aprendizaje automático supervisado. Primero veremos el algoritmo de regresión y veremos dos tipos de regresión, a saber, la regresión lineal y la regresión múltiple. Veremos cómo podemos construir estos algoritmos en Python.

El algoritmo de aprendizaje automático más simple utilizado en el algoritmo de aprendizaje supervisado. Este algoritmo se puede clasificar en dos clases:

- Algoritmos de regresión

- Algoritmos de clasificación

113

Antes de ahondar en aprender cómo construir un modelo en Python, veamos un ejemplo simple de modelo de regresión lineal para entender estos conceptos claramente. La idea básica de cualquier algoritmo de aprendizaje automático es permitir a la máquina predecir una salida de muestra utilizando un conjunto de datos de entrenamiento que también proporciona información sobre las salidas necesarias. La máquina debe aprender a identificar la relación entre las variables de entrada y salida utilizando el conjunto de datos de entrenamiento. Luego deberá proteger el resultado para cualquier conjunto de datos o entradas nuevos.

El siguiente ejemplo es fácil de entender; Le pediremos a la máquina que sugiera si una persona debe llevar un paraguas o no, dependiendo del clima. La siguiente tabla consiste en el conjunto de datos de entrenamiento de muestra.

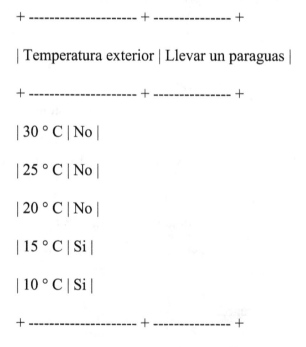

```
+ --------------------- + --------------- +

| Temperatura exterior | Llevar un paraguas |

+ --------------------- + --------------- +

| 30 ° C | No |

| 25 ° C | No |

| 20 ° C | No |

| 15 ° C | Si |

| 10 ° C | Si |

+ --------------------- + --------------- +
```

Nuestra mente está entrenada para observar la temperatura y determinar cuál debe ser la salida. Esto significa que miraremos el clima exterior y determinaremos si necesitamos o no llevar un paraguas. Tratemos ahora de modelar esta decisión usando una ecuación algebraica. Puede utilizar esta ecuación para entrenar a la máquina para tomar una decisión de este tipo.

Para esto, necesitaremos usar esta biblioteca de sci kit learn, que es una de las bibliotecas de Python más confiables para los modelos de aprendizaje automático. Considere el siguiente conjunto de muestra:

x1 x2 x3 y

1 2 3 14

4 5 6 32

11 12 13 74

21 22 23 134

5 5 5 30

Si observa la tabla anterior, puede insertar el modelo matemático o la ecuación para obtener el resultado debe ser: $y = (x1 + 2 * x2 + 3 * x3)$.

Para generar el conjunto de datos de entrenamiento.

Código de muestra

de la importación aleatoria randint

TRAIN_SET_LIMIT = 1000

```
TRAIN_SET_COUNT = 100

TRAIN_INPUT = list ()

TRAIN_OUTPUT = list ()

para i en el rango (TRAIN_SET_COUNT):

a = randint (0, TRAIN_SET_LIMIT)

b = randint (0, TRAIN_SET_LIMIT)

c = randint (0, TRAIN_SET_LIMIT)

op = a + (2 * b) + (3 * c)

TRAIN_INPUT.append ([a, b, c])

TRAIN_OUTPUT.append (op)
```

Entrena al modelo:

```
desde sklearn.linear_model import LinearRegression

predictor = Regresión lineal (n_jobs = -1)

predictor.fit (X = TRAIN_INPUT, y = TRAIN_OUTPUT)
```

una vez que el sistema es muy bueno, debería hacer un muestreo rápido de los datos de prueba en el siguiente formato, [[10, 20, 30]], y observar la salida. Esto debe ser 10 + 20 * 2 + 30 * 2 y la salida debe ser 140

Código de muestra

```
X_TEST = [[10, 20, 30]]
```

resultado = predictor. predice (X = X_TEST)

coeficientes = predictor.coef_

imprimir ('Resultado: {} \ nCoeficientes: {}'. formato (resultado, coeficientes))

Salida

Resultado = [140]

Coeficientes = [1.2.3]

Ahora hemos implementado con éxito el modelo, hemos entrenado y observado la predicción de la salida para cualquier entrada nueva basada en una ecuación lineal matemática.

Algoritmo de regresión

La regresión es un algoritmo de aprendizaje supervisado. En este modelo, primero daremos entradas a la máquina y decidiremos una salida que sea un valor numérico. El interés no es aprender cuál será la clase de la variable, sino comprender la función numérica que describirá los datos. El objetivo es usar esta ecuación para generar cualquier estimación.

Los modelos de regresión más comunes y simples con el modelo de regresión lineal. Este es un modelo que la mayoría de los ingenieros prefieren usar para derivar una función predictiva. Este modelo debe usarse cuando hay un coeficiente de correlación que puede usar para predecir los resultados.

Esta función se utiliza para crear un diagrama de dispersión de los puntos de datos utilizando la entrada que se proporciona. La trama también incluirá una línea recta. Este método ayudará al ingeniero y a la máquina a identificar si existe una relación lineal entre dos o más variables.

La siguiente fórmula matemática se usa para calcular la pendiente de una línea recta: $Y = mx + c$

Esta es una ecuación algebraica popular que se puede usar para identificar o explicar la relación lineal entre variables. Esta ecuación también se puede utilizar para explicar el concepto de regresión lineal a una máquina. En la ecuación anterior, tenemos una variable dependiente, la función de una variable y otra variable que es la variable independiente.

El objetivo de este método es identificar una función que le ayude a determinar cómo se relacionan las variables. En cada conjunto de datos, se le proporciona una lista de valores en el formato de fila y columna. You can plot this data on the x and y axes of a graph.

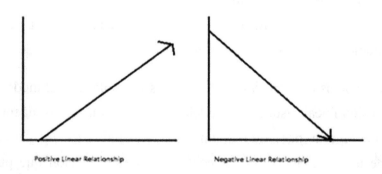

Positive Linear Relationship   Negative Linear Relationship

Imagen: Ilustración para representar la regresión lineal positiva y negativa

La regresión lineal es observar cómo la variable dependiente aumenta o disminuye cuando la variable independiente aumenta o disminuye.

En la imagen anterior, puede ver que una relación lineal puede ser negativa o positiva. Una pendiente positiva indica que el valor de la variable dependiente aumentará o disminuirá cuando el valor de la variable independiente suba o baje.

Una pendiente negativa indica que el valor de la variable dependiente aumentará cuando el valor de la variable independiente disminuya, y viceversa. Ahora volvamos a la ecuación algebraica para calcular la pendiente de una línea y comprendamos cómo puede implementar esto en un modelo de regresión en Python.

Vimos que las variables x e Y tendrán una relación, pero esto no necesariamente tiene que ser cierta. Modelo de regresión lineal simple, el modelo que construimos se basa en los datos y no necesitamos identificar la relación entre las variables x e y. Tampoco exigimos que la relación entre las variables sea exactamente lineal, ya que incluiremos residuos que representan los errores.

El objetivo es utilizar datos continuos, identificar una ecuación que mejor se ajuste a los datos y extrapolar o pronosticar un valor específico para el futuro. En el caso de modelos de regresión lineal simple, lo haremos creando una línea de mejor ajuste como se muestra en la imagen a continuación.

Una de las aplicaciones populares de un modelo de regresión lineal es predecir los precios de las acciones en los precios del mercado inmobiliario. La regresión es un tipo de aprendizaje supervisado; el ingeniero debe entrenar la máquina proporcionando un conjunto de datos de entrenamiento que habla sobre las características y la salida correspondiente para esas características. El ingeniero debe alimentar la máquina con numerosos conjuntos de datos de búsqueda. Esto ayudará a la máquina a predecir la salida si se proporciona alguna entrada nueva.

Hay muchos conjuntos de datos disponibles en Internet, y puede elegir el ejemplo de un conjunto de datos del mercado de valores para el código de muestra a continuación. Para esto se necesita instalar e importar el paquete quandl.

Abra su ventana de Python y copie el siguiente script y ejecute desde el terminal. Esto le ayudará a extraer el conjunto de datos de stock de Internet.

Código de muestra

importar pandas como pd

importar Quandl

df = Quandl.get ("WIKI / GOOGL")

imprimir (df.head ())

Tenga en cuenta que debe marcar el caso de la biblioteca "quandl" o "Quandl" dependiendo de la versión de Python que esté utilizando.

Salida de muestra

Abrir alto bajo cerrar volumen ex dividendo \

Fecha

2004-08-19 100.00 104.06 95.96 100.34 44659000 0

2004-08-20 101.01 109.08 100.50 108.31 22834300 0

2004-08-23 110.75 113.48 109.05 109.40 18256100 0

2004-08-24 111.24 111.60 103.57 104.87 15247300 0

2004-08-25 104.96 108.00 103.88 106.00 9188600 0

Proporción de división ajustable Abrir Adj. Alta Aj. Ajuste bajo Cerca \

Fecha

2004-08-19 1 50.000 52.03 47.980 50.170

2004-08-20 1 50.505 54.54 50.250 54.155

2004-08-23 1 55.375 56.74 54.525 54.700

2004-08-24 1 55.620 55.80 51.785 52.435

2004-08-25 1 52.480 54.00 51.940 53.000

Adj. Volumen

Fecha

2004-08-19 44659000

2004-08-20 22834300

2004-08-23 18256100

2004-08-24 15247300

2004-08-25 9188600

Es la muestra de datos extraídos de internet.

¿Recuerdas la lección del capítulo anterior? Sí, el primer paso es limpiar, limpiar y preparar el conjunto de datos. Uno puede notar, hay algunas redundancias y discrepancias en el conjunto de datos extraídos. Lo mismo se puede corregir agregando la siguiente línea de código a la secuencia de comandos de Python:

```
df = df [['Adj. Abierto ',' Adj. Alto ',' Adj. Bajo ',' Adj.
Cerrar ',' Adj. Volumen']]
```

Y si tuviéramos que aplicar un poco de sentido común, se puede entender que no todos estos datos son útiles y que el conjunto de datos limpiado se puede transformar para obtener mejores resultados utilizando el código que se indica a continuación.

```
df ['HL_PCT'] = (df ['Adj. High'] - df ['Adj. Low']) / df
['Adj. Cerrar '] * 100.0
```

Y la siguiente pieza de código define marcos de datos e interpreta la salida de datos

```
df ['PCT_change'] = (df ['Adj. Close'] - df ['Adj. Open']) / df
['Adj. Abrir '] * 100.0
```

```
df = df [['Adj. Cerrar ',' HL_PCT ',' PCT_change ',' Adj.
Volumen']]
```

122

imprimir (df.head ())

La salida se verá así

Código de muestra

Adj. Cerrar HL_PCT PCT_change Adj. Volumen

Fecha

2004-08-19 50.170 8.072553 0.340000 44659000

2004-08-20 54.155 7.921706 7.227007 22834300

2004-08-23 54.700 4.049360 -1.218962 18256100

2004-08-24 52.435 7.657099 -5.726357 15247300

2004-08-25 53.000 3.886792 0.990854 9188600

Con esto, tenemos listo nuestro conjunto de datos, que ahora tendremos que convertir a un formato de matriz que será comprensible por la biblioteca SciKit, que usaremos para realizar las funciones de regresión reales.

Para continuar, agregue las siguientes líneas de código al archivo de script de Python, estas líneas importan esencialmente estas bibliotecas, que serán necesarias para otras funcionalidades.

Código de muestra

importar quandl, matematicas

importar numpy como np

importar pandas como pd

desde sklearn import preprocesamiento, cross_validation, svm

desde sklearn.linear_model import LinearRegression

En este punto, el archivo de script de Python debe tener un aspecto similar al siguiente:

Código de muestra

```
importar quandl, matematicas

importar numpy como np

importar pandas como pd

desde sklearn import preprocesamiento, cross_validation, svm

desde sklearn.linear_model import LinearRegression

df = Quandl.get ("WIKI / GOOGL")

df = df [['Adj. Abierto ',' Adj. Alto ',' Adj. Bajo ',' Adj. Cerrar ',' Adj. Volumen']]

df ['HL_PCT'] = (df ['Adj. High'] - df ['Adj. Low']) / df ['Adj. Cerrar '] * 100.0

df ['PCT_change'] = (df ['Adj. Close'] - df ['Adj. Open']) / df ['Adj. Abrir '] * 100.0

df = df [['Adj. Cerrar ',' HL_PCT ',' PCT_change ',' Adj. Volumen']]

imprimir (df.head ())
```

Ahora, si recordamos, estamos en la etapa de validar de forma cruzada nuestros datos limpiados y preparados, para lo cual necesitamos agregar las siguientes líneas, que alimentarán los datos como una característica y etiquetarán la tupla al modelo de aprendizaje automático de clasificadores. La característica se puede definir como atributos descriptivos y las etiquetas son los valores que buscamos predecir con nuestros modelos de aprendizaje automático.

Código de muestra

```
forecast_col = 'Adj. Cerrar'
df.fillna (valor = -99999, inplace = True)
forecast_out = int (math.ceil (0.01 * len (df)))
df ['label'] = df [forecast_col] .shift (-forecast_out)
```

Con las pocas líneas de código anteriores, hemos definido lo que queremos pronosticar. Los siguientes pasos son el tren y probar nuestro modelo.

En este punto, podemos usar la función dropna y luego proceder a convertir los datos al formato de matriz numpy, que es el formato de datos esperado por las funciones de la biblioteca SciKit que usaremos posteriormente.

Código de muestra

```
df.dropna (inplace = True)
X = np.array (df.drop (['label'], 1))
y = np.array (df ['label'])
```

```
X = preprocessing.scale (X)

y = np.array (df ['label'])
```

Ahora hemos creado la etiqueta, matriz y preprocesado el conjunto de datos. Ahora, el modelo svm y el modelo clasificador clf estarán disponibles en el kit de herramientas de SciKit para predecir e imprimir cuán robusto es el modelo: la precisión y confiabilidad del mismo mediante las funciones de confianza.

Código de muestra

```
X_train,     X_test,     y_train,     y_test     =
cross_validation.train_test_split (X, y, test_size = 0.2)

clf = svm.SVR ()

clf.fit (X_train, y_train)

confianza = clf.score (X_test, y_test)

imprimir (confianza)
```

Uno puede volver a ejecutar el mismo script utilizando el clasificador de regresión lineal en lugar de svm de la siguiente manera

```
clf = regresión lineal ()
```

Los siguientes pasos para pronosticar y predecir, para los cuales se deben agregar las siguientes líneas de código al script existente

```
forecast_set = clf.predict (X_lately)

imprimir (forecast_set, confianza, forecast_out)
```

La salida:

[745.67829395 737.55633261 736.32921413 717.03929303
718.59047951

731.26376715 737.84381394 751.28161162 756.31775293
756.76751056

763.20185946 764.52651181 760.91320031 768.0072636
766.67038016

763.83749414 761.36173409 760.08514166 770.61581391
774.13939706

768.78733341 775.04458624 771.10782342 765.13955723
773.93369548

766.05507556 765.4984563 763.59630529 770.0057166
777.60915879] 0.956987938167 30

El siguiente paso es importar y Matplotlib para trazar el gráfico de dispersión, que está más allá del alcance de este libro.

Por lo tanto, la regresión lineal se utiliza en aplicaciones y dominios variados que van desde la economía a la biología para predecir líneas de tendencia de precios del petróleo, PIB, precios de la vivienda, cuánto debe gastar un país en importaciones, etc.

Las fórmulas de correlación se pueden usar para predecir qué tan cerca de la realidad está la predicción obtenida de los modelos de regresión lineal.

Veamos otro ejemplo de modelo de regresión lineal muy simple para entender esto muy claramente.

Reiterar la idea básica de cualquier algoritmo de aprendizaje automático es que el sistema está expuesto a un gran número de conjuntos de datos de entrenamiento y también muestra una gran muestra de los resultados esperados de ellos. Basándose en estos datos de entrenamiento, la máquina aprende a descubrir la relación entre la entrada y la salida y, en base a esto, aprende a predecir las nuevas entradas.

A continuación se muestra un ejemplo muy primitivo para explicar lo mismo cuando el sistema debe sugerir si el usuario necesita tomar un paraguas o no, según el clima del día. Digamos que la siguiente tabla contiene un conjunto de muestra de datos de entrenamiento.

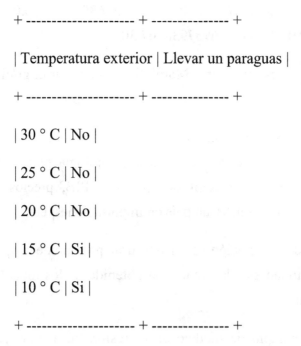

Como un ser humano promedio, nuestra mente está entrenada para observar la temperatura de entrada y determinar la salida, la decisión de tomar un paraguas o no. Entonces, suponga que la temperatura es 10 ° C, es posible que desee llevar un paraguas esperando una tormenta de nieve o algo así. Tratemos ahora de modelar este proceso de toma de decisiones en una ecuación algebraica para que una máquina también pueda ser entrenada para tomar una decisión de este tipo cuando se proporciona este conjunto de datos.

Para esto, necesitaremos el uso de la confiable biblioteca de Python para implementaciones de aprendizaje automático: sci kit learn. Y considere el siguiente conjunto de datos de muestra.

x1	x2	x3	y
1	2	3	14
4	5	6	32
11	12	13	74
21	22	23	134
5	5	5	30

Al mirar la tabla, se puede inferir el modelo matemático o la ecuación algebraica para obtener la salida y = (x1 + 2 * x2 + 3 * x3).

Para generar el conjunto de datos de entrenamiento.

Código de muestra

de la importación aleatoria randint

TRAIN_SET_LIMIT = 1000

```
TRAIN_SET_COUNT = 100

TRAIN_INPUT = list ()

TRAIN_OUTPUT = list ()
```

para i en el rango (TRAIN_SET_COUNT):

```
a = randint (0, TRAIN_SET_LIMIT)

b = randint (0, TRAIN_SET_LIMIT)

c = randint (0, TRAIN_SET_LIMIT)

op = a + (2 * b) + (3 * c)

TRAIN_INPUT.append ([a, b, c])

TRAIN_OUTPUT.append (op)
```

Entrena al modelo:

```
desde sklearn.linear_model import LinearRegression

predictor = Regresión lineal (n_jobs = -1)

predictor.fit (X = TRAIN_INPUT, y = TRAIN_OUTPUT)
```

Una vez que el sistema esté listo, pase una muestra de datos de prueba en el siguiente formato de una tupla [[10, 20, 30]] y observe la salida. De acuerdo con nuestra ecuación algebraica, este debe ser 10 + 20 * 2 + 30 * 2 y la salida debe ser 140

Código de muestra

```
X_TEST = [[10, 20, 30]]

resultado = predictor. predice (X = X_TEST)

coeficientes = predictor.coef_

imprimir ('Resultado: {} \ nCoeficientes: {}'. formato
(resultado, coeficientes))
```

Salida

Resultado = [140]

Coeficientes = [1.2.3]

Hemos implementado con éxito un modelo, entrenado y visto para predecir el resultado de una nueva entrada basada en la ecuación matemática lineal.

Regresión múltiple

La sección anterior cubrió el modelo de regresión lineal, donde observamos una variable predictiva y una variable de respuesta. El único interés que tienen los mineros de datos es la relación que existe entre un conjunto de variables predictoras y una variable objetivo. La mayoría de las aplicaciones creadas para la minería de datos tienen una gran cantidad de datos, con algunos conjuntos que incluyen miles o millones de variables, de las cuales la mayoría tiene una relación lineal con la respuesta o la variable objetivo. Ahí es donde un minero de datos preferiría usar un modelo de regresión lineal múltiple. Estos modelos proporcionan una precisión mejorada y una precisión de predicción y estimación, similar a la precisión mejorada de las estimaciones de regresión sobre las estimaciones bivariadas o univariadas.

Los modelos de regresión lineal múltiple siempre usarán superficies lineales como planos o hiperplanos para determinar el tipo de relación que existe entre las variables predictoras y las variables objetivo o de respuesta. Las variables predictoras pueden ser discretas o continuas, pero estas variables predictoras categóricas pueden usarse en el modelo como variables ficticias o variables indicadoras. En un modelo de regresión lineal simple, se utiliza una línea recta de dimensión uno para estimar la relación entre un predictor y la variable de respuesta. Si uno debe evaluar la relación entre el predictor o las variables de respuesta, pueden usar un plano para visualizar esta relación. Esto se debe a que el plano es una figura bidimensional.

Un minero de datos siempre debe protegerse contra la multicolinealidad. Esta es una condición en la que algunas o todas las variables predictoras están correlacionadas entre sí. Este fenómeno conducirá a cierta inestabilidad en el espacio de la solución, lo que significa que no podrá obtener resultados coherentes. Por ejemplo, un conjunto de datos que tiene una multicolinealidad grave no se puede verificar utilizando la prueba t. Solo puede utilizar la prueba F para comprender el efecto de la colinealidad en la salida.

La alta variabilidad asociada con las estimaciones para diferentes coeficientes de regresión significa que diferentes muestras pueden producir estimaciones con coeficientes con valores muy diferentes. Por ejemplo, algunas muestras pueden producir un coeficiente positivo para la variable $x1$, mientras que las otras muestras pueden producir una estimación de coeficiente negativo. Esta es una situación que es inaceptable, ya que debe identificar y explicar la relación entre las variables individualmente. Si existía la posibilidad de evitar tal inestabilidad cuando se incluyen variables altamente correlacionadas, esas variables tienden a enfatizar un componente particular del modelo que se está utilizando porque estos elementos se cuentan dos veces. Si desea ignorar la multicolinealidad, siempre debe mirar la estructura de correlación entre las variables predictoras. Debes ignorar las variables objetivo por el momento.

Si no verificamos la presencia de la correlación entre los predictores, pero elegimos realizar el análisis, debe aprender a identificar si existe alguna colinealidad en el conjunto de datos utilizando los resultados. Puede hacer esto observando los factores de inflación de la varianza (VIF). Deberá estandarizar todas las variables involucradas para asegurarse de que la variabilidad de una variable no supere o afecte las operaciones realizadas en otra variable.

Considere el siguiente conjunto de datos con características p y solo una variable de respuesta. La primera es la variable independiente, mientras que la segunda es la variable dependiente.

Además, el conjunto de datos contiene n filas / observaciones. Definimos:

X (matriz de características) = una matriz de tamaño n X p donde x_{ij} denota los valores de la característica jth para su observación. Asi que,

Código de muestra

```
importar matplotlib.pyplot como plt

importar numpy como np

desde sklearn importar datasets, linear_model, metrics

# cargar el conjunto de datos de Boston

boston = datasets.load_boston (return_X_y = False)

# definiendo la matriz de características (X) y el vector de
respuesta (y)

X = boston.data

y = boston.target

# dividiendo X e Y en conjuntos de entrenamiento y pruebas

de sklearn.model_selection import train_test_split

X_train, X_test, y_train, y_test = train_test_split (X, y,
test_size = 0.4, random_state = 1)

# crear objeto de regresión lineal

reg = linear_model.LinearRegression ()

# entrenar el modelo usando los conjuntos de entrenamiento

reg.fit (X_train, y_train)

# coeficientes de regresión

imprimir ('Coeficientes: \ n', reg.coef_)

# varianza puntuación: 1 significa predicción perfecta
```

imprimir ('puntuación de varianza: {}'. formato (registro.escora (X_test, y_test)))

parcela por error residual

configurando el estilo de la parcela

plt.style.use ('fivethirtyeight')

trazando errores residuales en los datos de entrenamiento

plt.scatter (reg.predict (X_train), reg.predict (X_train) - y_train, color = "green", s = 10, label = 'Train data')

trazando errores residuales en datos de prueba

plt.scatter (reg.predict (X_test), reg.predict (X_test) - y_test, color = "blue", s = 10, label = 'Test data')

línea de trazado para cero error residual

plt.hlines (y = 0, xmin = 0, xmax = 50, linewidth = 2)

dibujando leyenda

plt.legend (loc = 'superior derecha')

título de la trama

plt.title ("errores residuales")

función para mostrar la trama

plt.show ()

Agregue el código anterior a un archivo.py y ejecute el script desde el terminal. También debe descargar el conjunto de datos en la carpeta de trabajo donde desea obtener la salida. También obtendrás el diagrama de dispersión.

Algoritmo de clasificación - Árboles de decisión

Un árbol de decisión es el algoritmo de clasificación más potente y ubicuo que se desarrolló. Esto se incluye en la categoría de aprendizaje automático supervisado y funcionará tanto para datos categóricos como para datos continuos. El algoritmo de clasificación es una categoría de algoritmos que se utiliza para predecir la clase o categoría de algunos datos de entrada. El otro algoritmo popular es el algoritmo más cercano a k, pero nos enfocaremos solo en los árboles de decisión para el propósito de este libro. El objetivo es desarrollar un modelo que prediga el valor de la variable objetivo utilizando algunas reglas de decisión que se deducen o mencionan a la máquina en función de las características de los datos.

En otras palabras, esto es similar a la declaración if..then..else que usamos en los lenguajes de programación. Un árbol de decisión tiene un formato o sintaxis diferente cuando se compara con la declaración condicional. Es como un diagrama de flujo o un sistema basado en sucursales. Este algoritmo es uno que cualquier persona puede entender. Un ejemplo simple de esto puede ser: cuando recibes un correo electrónico, miras el correo electrónico y decides si el correo electrónico es spam o importante. También puede hacer que la aplicación que usa realice la misma acción. Para usar árboles de decisión, puede darle a la máquina algunas reglas predefinidas que deberá seguir.

Un árbol de decisión es un árbol, y puede usar cualquiera de las ramas para derivar una salida o responder una pregunta condicional. Estas preguntas se pueden responder utilizando los términos que están disponibles en el nodo. Cada rama representará un posible curso de acción que la máquina puede tomar. El siguiente ejemplo muestra un árbol de decisiones con un ejemplo en tiempo real. Aquí el árbol te ayudará a decidir si una persona está en forma o no.

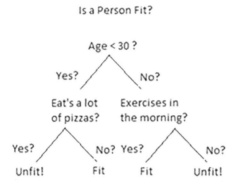

Imagen: Una simple ilustración de un árbol de decisión.

Algunas ventajas clave de usar árboles de decisión son

Fácil de entender e interpretar y fácil de visualizar.

Cuando utilice este modelo, necesitará una preparación de datos mínima o nula. Cuando se trate de otros algoritmos, deberá preparar el conjunto de datos para asegurarse de que las variables estén normalizadas. Es posible que también deba crear o insertar valores ficticios donde faltan elementos en el conjunto de datos. Esto reduce el tiempo y el costo que implica el desarrollo de este modelo de aprendizaje automático. Sin embargo, es importante saber que este modelo necesitará algunos datos faltantes para completar, de lo contrario, recibirá un error. Entonces dejará de calcular el conjunto de datos.

El número de puntos de datos determina el costo de ejecución. La relación entre costo y número de datos es logarítmica para entrenar el modelo de datos. Otra ventaja de usar este modelo es que funcionará bien con datos tanto categóricos como numéricos. Muchos otros algoritmos pueden trabajar con un solo formato.

Capacidad para manejar problemas de salida múltiple

Los árboles de decisión utilizan el modo de caja blanca. Esto significa que el árbol siempre puede decirle cómo llegó a una solución utilizando algunas ecuaciones lógicas booleanas. En el caso de los algoritmos que se basan en el modelo de caja negra, es difícil entender cómo se derivó la salida. Otra ventaja de un árbol de decisión es que siempre evaluará un modelo utilizando numerosos métodos estadísticos. Esto hace que el modelo sea más confiable en comparación con otros.

Este modelo también tendrá un buen desempeño cuando las suposiciones sean ligeramente violadas cuando las aplique al conjunto de datos o al modelo real. Esto asegurará que el algoritmo sea flexible y proporcione resultados independientemente de la varianza.

Algunas de las desventajas de usar un árbol de decisión incluyen:

1. El árbol de decisión puede crearse sobre árboles complejos que no generalizan demasiado los datos, básicamente el problema del sobreajuste. Esto se puede superar con técnicas como la poda (literalmente, como podar la rama del

138

árbol, pero actualmente no se admite en las bibliotecas de Python). La tarea es configurar algunas muestras necesarias en un nodo de hoja o establecer la profundidad máxima que un árbol puede alcanzar. , limitando así el problema de sobreajuste.

2. Los árboles se vuelven inestables debido a pequeñas variaciones en los datos de entrada, lo que da como resultado que se genere un árbol completamente diferente. Este problema se puede superar mediante el uso de un árbol de decisión dentro de un conjunto.

3. Problema NP-Completo: un problema teórico de la computación muy común puede ser un obstáculo en el intento de diseñar el árbol de decisión más óptimo, ya que, en varios aspectos, la optimalidad puede verse afectada. Como resultado, los algoritmos heurísticos como los algoritmos codiciosos donde las decisiones óptimas locales en cada nodo pueden convertirse en un problema. Enseñar múltiples árboles a un aprendiz colaborativo puede reducir de nuevo el efecto de este problema y la función y las muestras se pueden muestrear al azar con reemplazos.

4. Los conceptos como paridad, multiplexor y XOR son difíciles de expresar o calcular utilizando árboles de decisión.

5. En el caso de clases dominantes, se desarrollan alumnos sesgados. Esto se debe al desequilibrio dentro del conjunto de datos que no se analiza antes de configurar el árbol de decisión.

6. Debe saber que el árbol de decisiones puede adaptar los datos, si hay una gran cantidad de funciones. Si está utilizando un conjunto de datos de gran tamaño, debe asegurarse de elegir la muestra correcta para modelar los datos. De lo contrario, el árbol de decisión tendrá demasiadas dimensiones.

7. Los árboles de decisión se utilizan ampliamente en el diseño de sistemas inteligentes de automatización del hogar. Por ejemplo, si la temperatura actual de la habitación es demasiado baja o demasiado alta, el sistema realizará algunos cambios utilizando los árboles de decisión. También puede modelar decisiones como si una persona debe llevar un paraguas al trabajo o si una persona debe salir a jugar cricket.

Hay dos factores clave

- Entropía - esta medida debe ser baja. La entropía mide la impureza o la aleatoriedad en el conjunto de muestras.

- Ganancia de información: esto también se conoce como reducción de entropía. Esta es una medida de cómo la entropía ha cambiado una vez que los datos se han dividido. El valor de la reducción de entropía debe ser alto.

Los siguientes son los conceptos clave que necesitará aprender cuando esté modelando un árbol de decisiones en Python.

Importando un archivo csv en el script usando pandas

Código de muestra

desde __future__ importar print_function

importación os

subproceso de importación

importar pandas como pd

importar numpy como np

desde sklearn.tree import DecisionTreeClassifier, export_graphviz

Visualmente dibujando el árbol

Código de muestra

```
def visualize_tree (árbol, feature_names):
""" "Crea un árbol png usando graphviz.
Args
----
árbol - SciKit-learn DecisionTree.
feature_names - lista de nombres de características.
""
con abierto ("dt.dot", 'w') como f:
export_graphviz (tree, out_file = f,
feature_names = feature_names)
comando = ["punto", "-Tpng", "dt.dot", "-o", "dt.png"]
```

tratar:

subproceso.check_call (comando)

excepto:

exit ("No se pudo ejecutar el punto, es decir, graphviz, para"

"producir visualización")

Ahora usaremos la biblioteca de pandas para preparar el conjunto de datos para asegurarnos de que la biblioteca de aprendizaje de scikit puede usarla para crear un árbol de decisiones.

Código de muestra

```
def get_iris_data ():

 "" "Obtenga los datos del iris, desde el repositorio local de csv o pandas." ""

 si os.path.exists ("iris.csv"):

 imprimir ("- iris.csv encontrado localmente")

 df = pd.read_csv ("iris.csv", index_col = 0)

 más:

 imprimir ("descargando rom github")

 fn = "https://raw.githubusercontent.com/pydata/pandas/" + \

 "master / pandas / tests / data / iris.csv"

 tratar:

 df = pd.read_csv (fn)

 excepto:
```

exit ("No se puede descargar iris.csv")

con abierto ("iris.csv", 'w') como f:

imprimir ("escribir en el archivo local iris.csv")

df.to_csv (f)

volver df

En esta sección se produce el pseudo código que representa el árbol.

Código de muestra

def get_code (árbol, feature_names, target_names,

spacer_base = ""):

"" "Producir pseudocódigo para el árbol de decisión.

Args

árbol - SciKit-leant DescisionTree.

feature_names - lista de nombres de características.

target_names - lista de nombres de destino (clase).

spacer_base: se utiliza para el código de espaciado (predeterminado: "").

Notas

"""

```
left = tree.tree_.children_left

right = tree.tree_.children_right

umbral = tree.tree_.threshold

features = [feature_names [i] para i en tree.tree_.feature]

value = tree.tree_.value

def recurse (izquierda, derecha, umbral, características,
nodo, profundidad):

    spacer = spacer_base * depth

    si (umbral [nodo]! = -2):

        imprimir (espaciador + "si (" + características [nodo] +
"<=" + \

        str (umbral [nodo]) + ") {")

        si se deja [nodo]! = -1:

            recurse (izquierda, derecha, umbral, características,

            izquierda [nodo], profundidad + 1)

        imprimir (espaciador + "} \ n" + espaciador + "else {")

        si es correcto [nodo]! = -1:

            recurse (izquierda, derecha, umbral, características,

            derecha [nodo], profundidad + 1)

        imprimir (espaciador + "}")

    más:
```

144

```
target = valor [nodo]

para i, v en zip (np.nonzero (objetivo) [1],

target [np.nonzero (target)]):

target_name = target_names [i]

target_count = int (v)

imprimir (espaciador + "retorno" + str (target_name) + \

"(" + str (target_count) + "ejemplos)")

recurse (izquierda, derecha, umbral, características, 0, 0)
```

En la sección a continuación, veremos el árbol de decisiones utilizando esta biblioteca de sci kit learn.

```
y = df2 ["Target"]

X = df2 [características]

dt = DecisionTreeClassifier (min_samples_split = 20,
random_state = 99)

dt.fit (X, y)
```

La siguiente es una muestra de un programa clasificador de árbol de decisión en Python.

```
Código de muestra

>>> del árbol de importación sklearn

>>> X = [[0, 0], [1, 1]]

>>> Y = [0, 1]
```

```
>>> clf = tree.DecisionTreeClassifier ()

>>> clf = clf.fit (X, Y)

>>> clf.predecir ([[2., 2.]])

array ([1])

>>> desde sklearn.datasets import load_iris

>>> del árbol de importación sklearn

>>> iris = load_iris ()

>>> clf = tree.DecisionTreeClassifier ()

>>> clf = clf.fit (iris.data, iris.target)

>>> Importar Graphviz

>>> dot_data = tree.export_graphviz (clf, out_file = None)

>>> graph = graphviz.Source (dot_data)

>>> graph.render ("iris")

>>> dot_data = tree.export_graphviz (clf, out_file = None,

... feature_names = iris.feature_names,

... class_names = iris.target_names,

... lleno = verdadero, redondeado = verdadero,

... special_characters = True)

>>> graph = graphviz.Source (dot_data)
```

>>> gráfico

El algoritmo k vecino más cercano es un algoritmo de clasificación común.

El siguiente código es una muestra que puede usar para construir un k algoritmo más cercano. Este algoritmo se utiliza para clasificar los puntos de datos en la categoría de modelo de aprendizaje automático supervisado.

Código de muestra

```
importar numpy como np

importar matplotlib.pyplot como plt

del estilo de importación matplotlib

advertencias de importación

desde colecciones importación Contador

# no olvides esto

importar pandas como pd

importar al azar

style.use ('fivethirtyeight')


def k_nearest_neighbors (datos, predicción, k = 3):

si len (datos)> = k:
```

```
warnings.warn ('K se establece en un valor menor que el
total de grupos de votación')

distancias = []

por grupo en datos:

para características en datos [grupo]:

euclidean_distance = np.linalg.norm (np.array (features) -
np.array (predict))

distance.append ([euclidean_distance, group])

votos = [i [1] para i en ordenado (distancias) [: k]]

vote_result = Contador (votos) .most_common (1) [0] [0]

volver vote_result


df = pd.read_csv ('breast-cancer-wisconsin.data.txt')

df.replace ('?', - 99999, inplace = True)

df.drop (['id'], 1, inplace = True)

full_data = df.astype (float) .values.tolist ()


random.shuffle (full_data)


test_size = 0.2
```

```python
train_set = {2: [], 4: []}

test_set = {2: [], 4: []}

train_data = full_data [: - int (test_size * len (full_data))]

test_data = full_data [-int (test_size * len (full_data)):]


para i en train_data:

 train_set [i [-1]]. append (i [: - 1])


para i en test_data:

 test_set [i [-1]]. append (i [: - 1])


correcto = 0

total = 0


para grupo en test_set:

 para datos en test_set [grupo]:

 vote = k_nearest_neighbors (train_set, data, k = 5)

 si grupo == voto:

 correcto + = 1
```

```
    total + = 1

Imprimir ('Precisión:', correcta / total)
```

CAPÍTULO
OCHO

Algoritmos de aprendizaje
no supervisados

Agrupación

En las secciones anteriores, veremos cómo un algoritmo de aprendizaje muy supervisado, como el algoritmo de clasificación y regresión, se utiliza para desarrollar un modelo de aprendizaje automático. En esta sección hablaremos sobre el algoritmo de aprendizaje de máquina sin supervisión de agrupamiento y veremos cómo se puede modelar en Python.

Si puede recopilar comedia, un algoritmo no supervisado aprenderá a hacer inferencias significativas a partir de un conjunto de datos sin etiqueta. Esto es diferente del aprendizaje automático supervisado, ya que no hay un concepto de una variable predictiva o una variable objetivo que la máquina tenga que predecir. El objetivo aquí es informar la descripción de cada punto de datos en el conjunto de datos utilizando el conjunto de datos de entrada del conjunto de datos de entrenamiento.

En el aprendizaje automático supervisado, está buscando una respuesta basada en los datos de entrada x. Sin embargo, en el aprendizaje no supervisado, estamos buscando lo que un modelo predecirá si se da x.

En el dominio de la ciencia de datos, a menudo piensa cómo pueden usarse los datos disponibles para hacer predicciones de puntos de datos de vista. Hay ocasiones en las que querría clasificar la información disponible en categorías de grupos y no solo hacer predicciones. El primero es un ejemplo de aprendizaje automático supervisado, mientras que el segundo es un ejemplo de aprendizaje automático no supervisado.

Dejemos que los ojos miren el siguiente ejemplo para entender esto. Supongamos que está trabajando en un punto de venta de pizzas y que tiene la tarea de crear una nueva función para gestionar el pedido. Esta característica debe predecir el tiempo de entrega para el cliente. Tiene información histórica sobre las entregas anteriores, donde obtuvo información sobre la distancia recorrida para entregar las pizzas y otros parámetros como la hora del día o la semana. Usando esta información puede predecir el tiempo de entrega futuro. Este es un ejemplo de aprendizaje automático supervisado.

Veamos ahora un requisito. Usted está empleado en la misma pizzería, pero tiene la tarea de identificar el segmento de sus clientes para ejecutar una campaña de cupones. Usted tiene acceso a algunos datos históricos, como el nombre de sus clientes, su edad, área y otra información. Ahora puede clasificar estos clientes en diferentes grupos en función de numerosos factores. Este es un ejemplo de aprendizaje automático no supervisado por el que no está haciendo una predicción casi categorizando a sus clientes en numerosos grupos.

Aplicaciones de la vida real de agrupación

Algunas aplicaciones comunes del aprendizaje automático no supervisado incluyen dominios con conjuntos de datos complejos y complejos como la genómica.

La genómica es un área donde el modelo forma un grupo de genes que tienen propiedades similares. La agrupación también se usa en astronomía para clasificar diferentes estrellas y objetos celestes utilizando diferentes factores, como su tamaño, color, distancia, materiales, etc. La agrupación también se usa para predecir zonas de terremotos en función de los agrupamientos de epicentros. También es utilizado por las empresas para los siguientes fines:

- En la conducción de anuncios dirigidos,

- En las recomendaciones de Netflix,

- Segmentación de mercado,

- Segmentación de imagen,

- Análisis de redes sociales,

- Segmentación de imagen,

- Detección de imágenes médicas.

- Detección de anomalías,

- motores de recomendación,

- Búsqueda de agrupación de resultados, etc.

Clasificación de los algoritmos de agrupación

La agrupación en clústeres es una de las formas más utilizadas de algoritmos de aprendizaje automático no supervisados. Las dos formas en que se clasifican los algoritmos de agrupamiento se basan en cómo se clasifican los datos de entrada.

Agrupando duro:

Los algoritmos de agrupamiento rígido son aquellos en los que la clave maestra de entrada entrante pertenece a uno de los clústeres, en el caso de la clasificación binaria.

Agrupando suave:

Este tipo de algoritmo de agrupación es el enfoque más pragmático y se puede utilizar en aplicaciones de agrupación en tiempo real. Los datos en la mayoría de los casos están en el área gris y no necesariamente tienen que pertenecer a una o más clases. Por lo tanto, a diferencia del clúster duro, el punto de datos no tiene que pertenecer a un clúster específico. En su lugar, se adjunta una probabilidad a la probabilidad como los datos de entrada que pertenecen a uno de los grupos existentes.

Las dos clasificaciones de algoritmos de agrupamiento incluyen

Agrupación plana

La agrupación plana es donde el uso del científico de datos le dirá a la máquina en cuántas categorías de datos de clase 10 los datos deben ser ingresados.

Agrupación jerárquica

La agrupación jerárquica es otro tipo de algoritmo de agrupación en el que el usuario no define el valor de k. La máquina decidirá cuántos clústeres debe crear basándose en sus propios algoritmos.

Otro tipo de algoritmos de clasificación de sufrimiento se basa en el modelo de agrupación en clúster que utiliza el modelo de aprendizaje automático. Esto se debe a que una tarea de agrupamiento es subjetiva. La siguiente clasificación arrojará algo de luz sobre los diferentes enfoques de agrupación que los ingenieros o expertos prefieren utilizar.

Modelos de conectividad

Como sugiere su nombre, estos modelos se basan en el supuesto de que los puntos de datos en el espacio de datos están más cerca entre sí y mostrarán propiedades similares en comparación con aquellos puntos de datos que están más alejados. Estos algoritmos adoptarán los siguientes enfoques al intentar agrupar los datos de entrada:

- Primero clasificarán los puntos de datos y luego procederán a agregar esos puntos a medida que aumente la distancia entre los puntos.

- En este paso, los datos de la partición se clasifican a medida que la distancia entre ellos aumentará.

La función de distancia es subjetiva, y es por esta razón que esta clase de algoritmos no es adecuada para ninguna función escalable. No puede manejar grandes conjuntos de datos. El agrupamiento jerárquico y otras variantes caen dentro de esta categoría.

Modelos de centroides

Cada algoritmo de agrupamiento se basa en la identificación de la distancia entre un punto de datos específico y el centroide del agrupamiento en el que el modelo coloca el punto de datos. El algoritmo k-means es un ejemplo clásico de este tipo de algoritmo, ya que depende en gran medida del centroide. El usuario define el número de agrupaciones, lo que hace que sea importante tener conocimiento de los datos para que el modelo se utilice. Por favor, puede haber una limitación para algunas aplicaciones que requieren responder dinámicamente a nuevos puntos de datos. Estos modelos se ejecutarán de forma iterativa para encontrar el centroide o el punto central óptimo.

Modelos de distribucion

Esta clasificación se basa en la probabilidad de datos específicos. Cayendo dentro de un cluster. También se basa en la probabilidad de que todos los puntos de datos en el grupo sigan la distribución gaussiana normal. Estos modelos sufren el problema del punto de sobreajuste. Un algoritmo popular que se incluye en esta categoría es el algoritmo de maximización de expectativa que utiliza la distribución normal multivariable.

Modelo de densidad

Los puntos de datos en el conjunto de datos de entrada se representarán en el gráfico y variarán la intensidad a lo largo del espacio del gráfico. Esta variación en la densidad es la base de la agrupación de algoritmos de agrupación más importantes. Estos algoritmos funcionan de manera aislada al identificar puntos de datos de muestra de su región de densidad. Algunos modelos en esta categoría son DBSCAN y OPTICS.

Implementación de algoritmos de clustering.

En este libro, exploraremos dos de las formas más comunes de agrupación en clústeres: k-means y jerárquicas.

Algoritmo de agrupamiento de K-medias

Este es uno de los algoritmos de agrupación en clúster más populares. La clave en el nombre se refiere al número de clases únicas que desea generar a partir del conjunto de datos dado. La agrupación también se denomina clasificación no supervisada.

Como usuario, puede definir el valor de k, y el modelo se identificará como esencial para cada clase para que se forme. El centroide de cada grupo es un centro de todos los puntos que están en el grupo, y el número de centroides es igual al número de grupos. Este algoritmo funciona solo con valores numéricos e ignora cualquier otro valor simbólico.

La principal ventaja y desventaja de este algoritmo son las siguientes. La ventaja es que el algoritmo es muy popular, simple y fácil de entender. Este algoritmo también es fácil de implementar. Esto se debe a que los datos de entrada se asignan a un clúster inmediatamente, lo que significa que este algoritmo es apto para principiantes, ya que no tiene que preocuparse por identificar clústeres.

Una de las desventajas es que tendrá que definir la cantidad de grupos que puede crear el algoritmo. Esto significa que no puede realizar ajustes dinámicos si es necesario.

La salida también está significativamente influenciada por los datos del mar que se suministran al modelo. El algoritmo tenderá a convertirse a mínimos locales y, por lo tanto, se recomienda restablecer y volver a ejecutar el algoritmo con diferentes semillas para garantizar un error mínimo o nulo.

Este algoritmo no es eficiente de usar si está trabajando con un conjunto de datos de gran tamaño y no es escalable para aplicaciones en tiempo real. Puede ser más fácil usar este algoritmo en grandes conjuntos de datos si puede obtener muestras del conjunto de datos. Este algoritmo también es sensible a los valores atípicos en el sentido de que un solo valor atípico puede afectar significativamente la precisión del agrupamiento. Esto significa que el valor medio será sesgado si el conjunto de datos de entrada tiene valores atípicos. Una solución para esto es utilizar el valor de la mediana de los grupos en lugar de la media.

K-Significa pasos del algoritmo.

Aleatorizar y elegir el valor de k, que es el número de centros de grupos.

El siguiente paso es desarrollar un método para asignar cada punto de datos a un clúster. Esto solo puede hacerse utilizando técnicas como el cálculo de la distancia euclidiana para calcular el centro o centroide más cercano del grupo.

La posición del centroide del clúster solo se actualizará una vez que se hayan asignado todos los puntos. El centroide es el promedio de todos los puntos en el grupo.

Ahora debe repetir los pasos segundo y tercero hasta que llegue a un punto de convergencia. Este es el punto que define que cada grupo se encuentra ahora en un umbral óptimo. Una vez que se logra este punto, las siguientes iteraciones no afectan las posiciones del clúster.

Veamos ahora cómo puede implementar o construir este algoritmo en Python.

Usando el siguiente fragmento de código, puede crear una burbuja de clúster en Python. Esto se puede hacer usando la función make_blobs que está presente en la biblioteca de sci kit learn.

Código de muestra

declaraciones de importación

desde sklearn.datasets importamos make_blobs

importar numpy como np

importar matplotlib.pyplot como plt

crear manchas

data = make_blobs (n_samples = 200, n_features = 2, centers = 4, cluster_std = 1.6, random_state = 50)

crear np array para puntos de datos

puntos = datos [0]

crear diagrama de dispersión

```
plt.scatter (datos [0] [:, 0], datos [0] [:, 1], c = datos [1],
cmap = 'viridis')

plt.xlim (-15,15)

plt.ylim (-15,15)
```

El código anterior proporcionará un diagrama de dispersión con cuatro grupos, dos grupos en la parte superior y los otros dos en la parte inferior. Cada uno de estos grupos se superpondrá ligeramente con el otro.

Ahora verá que se han creado cuatro clústeres desde que definió el valor de k como 4. El siguiente paso es calcular la distancia euclidiana, y esto se puede hacer usando la función norma en el paquete NumPy en Python .

Una vez que se complete esta iteración, se desarrollará una nueva trama que proporcionará una representación visual del centroide del clúster en una nueva posición. Las iteraciones continuarán hasta que se logre la posición óptima del clúster.

Código de muestra

importar K significa

desde sklearn.cluster importar K medios

declaraciones de importación

desde sklearn.datasets importamos make_blobs

importar numpy como np

```
importar matplotlib.pyplot como plt

# crear manchas

data = make_blobs (n_samples = 200, n_features = 2,
centers = 4, cluster_std = 1.6, random_state = 50)

# crear np array para puntos de datos

puntos = datos [0]

# crear diagrama de dispersión

plt.scatter (datos [0] [:, 0], datos [0] [:, 1], c = datos [1],
cmap = 'viridis')

plt.xlim (-15,15)

plt.ylim (-15,15)

# crear objeto kmeans

kmeans = KMeans (n_clusters = 4)

# fit kmeans objeto a los datos

kmeans.fit (puntos)

# imprimir la ubicación de los grupos aprendidos por el
objeto kmeans

imprimir (kmeans.cluster_centers_)

# Guardar nuevos clústeres para el gráfico

y_km = kmeans.fit_predict (puntos)
```

```
plt.scatter (puntos [y_km == 0,0], puntos [y_km == 0,1], s =
100, c = 'rojo')

plt.scatter (puntos [y_km == 1,0], puntos [y_km == 1,1], s =
100, c = 'negro')

plt.scatter (puntos [y_km == 2,0], puntos [y_km == 2,1], s =
100, c = 'azul')

plt.scatter (puntos [y_km == 3,0], puntos [y_km == 3,1], s =
100, c = 'cyan')
```

La declaración de sklearn.cluster import K Mean se refiere al k
significa algoritmo dentro de sci kit learn.

Este algoritmo se basa en el algoritmo de Lloyd. En este algoritmo,
los puntos de datos se dividen en grupos, y estos grupos se
denominan células Voronoi. Un concepto que debe recordar en este
algoritmo es el concepto de límites. Estos límites se utilizan para
definir el rango de cada conjunto de datos, lo que permite a la
máquina identificar los valores atípicos.

Una vez que construya el algoritmo de k significa usando la
biblioteca de aprendizaje de sci kit, debe trazar el conjunto de datos
usando el código de muestra a continuación:

```
x = [1, 5, 1.5, 8, 1, 9]

y = [2, 8, 1.8, 8, 0.6, 11]

plt.scatter (x, y)

plt.show ()
```

Una vez que se grafica el gráfico, se puede escribir el siguiente conjunto de líneas para convertir los datos en una matriz, que es el formato de estructura de datos de entrada aceptable para la biblioteca scipy.

```
X = np.array ([[1, 2],

[5, 8],

[1.5, 1.8],

[8, 8],

[1, 0.6],

[9, 11]])
```

En la siguiente parte del código, inicializaremos el valor de k. Este número es el número de grupos que desea incluir o utilizar para desarrollar los resultados.

```
kmeans = KMeans (n_clusters = 2)

kmeans.fit (X)

centroides = kmeans.cluster_centers_

etiquetas = kmeans.labels_

imprimir (centroides)

imprimir (etiquetas)

colors = ["g.", "r.", "c.", "y."]

para i en rango (len (X)):
```

```
imprimir ("coordenada:", X [i], "etiqueta:", etiquetas [i])

plt.plot (X [i] [0], X [i] [1], colores [etiquetas [i]],
markersize = 10)

plt.scatter (centroides [:, 0], centroids [:, 1], marker = "x", s
= 150, linewidths = 5, zorder = 10)

plt.show ()
```

Debe usar el algoritmo k significa ++ si necesita obtener resultados con mayor precisión.

Código para el algoritmo de agrupamiento jerárquico

En este algoritmo, la máquina asumirá que cada punto de datos que se encuentra en el conjunto de datos de entrenamiento tiene la forma de un grupo. La máquina intentará identificar los puntos más cercanos entre sí y utilizará iteraciones posteriores para desarrollar un dendograma. Este gráfico trazará los grupos y evaluará la distancia entre esos grupos. Esta distancia se utiliza para calcular el número de grupos. Por lo tanto, este algoritmo produce resultados con mayor precisión en comparación con el algoritmo k-means. Esto se debe a que el valor de k está definido por el usuario.

Código de muestra

```
# importar bibliotecas de agrupamiento jerárquico

importar scipy.cluster.hierarchy como sch

desde sklearn.cluster import AgglomerativeClustering

# crear dendrograma
```

```
dendrograma = sch.dendrograma (sch.linkage (puntos,
método = 'sala'))

# crear grupos

hc = Aglomeración Agrupación (n_clusters = 4, affinity =
'euclidean', linkage = 'ward')

# guardar grupos para el gráfico

y_hc = hc.fit_predict (puntos)

plt.scatter (puntos [y_hc == 0,0], puntos [y_hc == 0,1], s =
100, c = 'rojo')

plt.scatter (puntos [y_hc == 1,0], puntos [y_hc == 1,1], s =
100, c = 'negro')

plt.scatter (puntos [y_hc == 2,0], puntos [y_hc == 2,1], s =
100, c = 'azul')

plt.scatter (puntos [y_hc == 3,0], puntos [y_hc == 3,1], s =
100, c = 'cyan')
```

Los algoritmos de agrupamiento son un ejemplo de algoritmo de aprendizaje automático no supervisado; sin embargo, se pueden usar como una combinación con algunos algoritmos supervisados de aprendizaje automático para mejorar la precisión de la salida que genera el modelo.

CAPÍTULO
NUEVE

Aprendizaje Profundo
con Tensor Flow

A prendimos que el aprendizaje profundo es un subconjunto central del aprendizaje automático que se define utilizando modelos matemáticos reales para desarrollar funciones. Estas funciones ayudan a impulsar la inteligencia artificial. Este capítulo presentará el aprendizaje profundo y cómo puede utilizar el marco de tensorflow para crear un modelo de aprendizaje profundo.

Un sistema de aprendizaje profundo puede definirse como un tipo de modelo de aprendizaje automático que utiliza redes neuronales. El concepto de aprendizaje profundo comenzó a existir en el año 1943 cuando Warren McCulloch, un neurofisiólogo y fondos de pantalla, un matemático publicó un artículo sobre cómo funcionan las neuronas y demostró cómo se puede construir una red neuronal utilizando circuitos eléctricos.

A lo largo de los años, se han producido muchos desarrollos y estos desarrollos han permitido que los sistemas de aprendizaje profundo se construyan a mayor escala. Los modelos matemáticos son altamente precisos. Con los recientes avances en el poder de las

GPU y las CPU, se ha vuelto más fácil implementar un modelo de aprendizaje profundo dentro de un sistema.

Tensorflow se creó teniendo en cuenta las limitaciones de la potencia de procesamiento. Este marco se abrió en noviembre de 2015. La biblioteca está diseñada de manera eficiente, lo que facilita su ejecución en todos los sistemas informáticos, independientemente de la capacidad de cálculo. Esto permite el desarrollo o la creación de modelos de producción entrenados, y es el marco número uno utilizado para desarrollar modelos de aprendizaje profundo. Este marco es popular ya que encapsula todas las complejidades de las funciones de aprendizaje profundo y permite al usuario centrarse más en la construcción del modelo de aprendizaje profundo.

Veamos ahora cómo está diseñado tensorflow y cómo puede construir una aplicación de aprendizaje profundo utilizando este marco. Tensorflow es un marco o plataforma que le permite crear cualquier modelo basado en un gráfico computacional. Un gráfico computacional puede ser un nodo o una red, donde cada nodo ejecutará una función específica. Esta función puede ser tan simple como sumar o restar algunos números en una ecuación matemática.

Esta operación o nodo se conoce como "op" y puede devolver 0 u otros tensores o variables que se pueden usar en otros nodos. Cada operación se maneja como una constante, matriz o matriz. Las matrices también se conocen como el tensor. En otras palabras, un tensor bidimensional es lo mismo que una matriz de m * m.

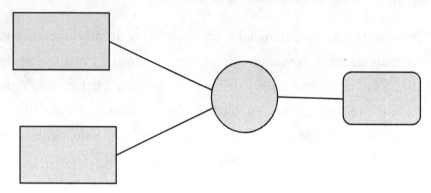

Imagen: Ilustración de un gráfico computacional de muestra en Tensor Flow

La imagen de arriba muestra cómo un gráfico computacional representará 2 tiempos. Es un ejemplo simple para ilustrar cómo se verá un gráfico computacional en el marco de tensorflow. Así es como se puede crear un gráfico para ejecutar una sesión. Por lo tanto, se debe identificar que se deben ingresar todas las entradas para garantizar que la operación se ejecutará automáticamente. Si esta sesión de gráfico se está ejecutando, dará lugar a la ejecución de tres operaciones. La primera operación es crear dos nodos tensoriales constantes, aplicar algunas operaciones a esos préstamos y multiplicar esas matrices.

Ahora, estas dos operaciones y constantes que se crearon se agregarán al gráfico de tensorflow. El proceso comienza cuando se importa la biblioteca de tensorflow, y la máquina creará el objeto gráfico en un servidor utilizando un gráfico predeterminado. Esto es útil cuando se trata de crear múltiples modelos que no dependen unos de otros. Esto significa que se pueden construir múltiples modelos en un archivo.

Código de muestra

```
new_graph = tf.Graph ()
con new_graph.as_default ():
  new_g_const = tf.constant ([1., 2.])
```

Una nueva operación de variable que se crea posteriormente mediante la función new_graph.as_default (), se agregará al gráfico cuando se cargue la biblioteca de gráficos tensoriales a continuación.

```
default_g = tf.get_default_graph ()
```

Para la mayoría de las aplicaciones de modelado para principiantes, es mejor quedarse con el modelo gráfico predeterminado.

La siguiente terminología o concepto básico con el que un principiante debe estar familiarizado en el mundo de tensorFlow es

El concepto de "Sesiones". Hay típicamente dos tipos de sesiones

tf.session (): este tipo es donde el entorno en el que se evalúan y ejecutan las operaciones y los tensores se encapsulan juntos. Las sesiones en flujo tensorial tienen sus propias variables, colas y lectores asignados. Por lo tanto, si uno abre una sesión, también debe tener cuidado de cerrar la sesión llamando al método "cerrar ()" como si fuera a cerrar o salir de un hilo en java.

Cualquier sesión en el marco de flujo de tensor generalmente toma tres argumentos, pero los tres son argumentos opcionales.

Destino: se refiere a la elección del motor de ejecución con el que la sesión actual debe conectarse.

Config: un búfer de procedimiento configproto con opciones de configuración para la sesión.

Gráfico: el parámetro que define qué gráfico de computación debe iniciarse.

Esta es la función que se llama cuando todas las dependencias requeridas para que se ejecute el gráfico se invocan con una sola llamada de función.

El siguiente tipo de sesión es tf.InteractiveSession (), que se usa para lograr la misma función que tf.session (), excepto que se puede usar para sesiones que usan IPython y Jupyter Notebook, que permiten al usuario agregar cosas y usar la API como tensor.eval () y operation.run () en lugar de tener que ejecutar session.run () cada vez que quiera que se calcule algo. Tenga en cuenta que el usuario no tiene que pasar explícitamente el objeto de sesión en el caso de la función de tipo de sesión interactiva.

Código de muestra

sess = tf.InteractiveSession ()

a = tf.constante (1)

b = tf.constante (2)

c = a + b

en lugar de sess.run (c)

c.eval ()

Variables

Una variable en el marco de flujo de tensor es administrada por la sesión, y una variable puede usarse en muchas sesiones. Esto tiene sentido ya que cada operación u objeto en el flujo de Tensor es inmutable.

La API utilizada para crear variables es tf.Variable ()

Veamos un ejemplo a continuación para ver cómo se crea la variable:

```
tensorflow_var = tf.Variable (1, name =
"my_sample_variable")
```

Debe recordar lo siguiente cuando cree una variable en el flujo tensorial: si usa una de las siguientes llamadas, deberá crear una variable con ceros, unos y cualquier valor aleatorio:

- tf.zeros (): esta función se utiliza para crear una matriz tensorial con variables como cero.

- tf.ones (): se utiliza para crear un tensor o una matriz con el número uno como todas las variables

- tf.random_normal (): si necesita crear una matriz con valores aleatorios como variables, debe proporcionar un intervalo específico

- tf.random_uniform (): esta función se usa para rellenar una matriz con números generados a partir de una distribución uniforme.

- tf.truncated_number (): esta es una función similar a la función aleatoria normal, pero no permite el uso de números de distribuciones con más de dos desviaciones estándar

El siguiente código habla sobre cómo las funciones definirán el parámetro de forma. Este parámetro definirá la dimensión del objeto matriz en el flujo tensorial.

3x3x3 matriz normalmente distribuida media 0 estándar 3

normal = tf.truncated_normal ([3, 3, 3], media = 0.0, stddev = 3.0)

El código anterior le permitirá crear una matriz que tiene un nodo tridimensional con valores que se adhieren a la distribución normal. Estos números tendrán una desviación estándar entre uno y tres.

normal_var = tf.Variable (tf.truncated_normal ([3,3,3], media = 0.0, stddev = 3.0)

Se utiliza un fragmento de código para establecer que una de las matrices creadas se asigne a una de las variables "normal_var" que se crea.

Si desea inicializar algún valor, debe usar el siguiente fragmento de código. Este código asegurará que el valor sea consistente en las diferentes sesiones.

Código de muestra

```
init = tf.initialize_all_variables ()

sess = tf.Session ()

sess.run (init)
```

Puede usar la función Variable.assign () para actualizar o cambiar el valor de una variable si se llama en una sección diferente. Puedes usar el siguiente código para el mismo:

```
initial_var = tf.Variable (1)

changed_var = initial_var.assign (initial_var + initial_var)

init = tf.initialize_all_variables ()

sess = tf.Session ()

sess.run (init)

sess.run (changed_var)

# 2

sess.run (changed_var)

# 4

sess.run (changed_var)

# 8

#.... y así
```

Algunas de las otras funciones con las que debería familiarizarse son Variable_assign_add () y Variable_assign_sub (). Estas funciones se pueden utilizar para aumentar o disminuir el valor de la variable. Puede utilizar estas funciones de la siguiente manera:

Código de muestra

```
contador = tf.Variable (0)

sess.run (counter.assign_add (1))

# 1

sess.run (counter.assign_sub (1))

# volver a 0
```

Alcance

El alcance se refiere a la complejidad del gráfico que se ha desarrollado en el flujo de Tensor como resultado de los cálculos. Esto ayudará al ingeniero a dividir el modelo en partes más pequeñas en el tablero tensor y a unir las piezas individuales para controlar la complejidad del modelo. El marco de flujo tensor soportará también el anidamiento de múltiples ámbitos. El uso de un alcance puede ser trabajar en algunos sistemas complejos mientras se trabaja con un tablero tensor.

Código de muestra

```
con tf.name_scope ("Scope1"):

 con tf.name_scope ("Scope_nested"):

 nested_var = tf.mul (5, 5)
```

Si tiene en mente estos fundamentos, puede desarrollar o construir un modelo computacional complejo en Deep Learning. Definitivamente, hay más en el marco del flujo tensorial que estos elementos, pero eso está más allá del alcance del libro. Debe comprender los conceptos básicos antes de comenzar a trabajar en grandes proyectos enTensor flow.

DIEZ

Estudio de caso:
Análisis de Sentimiento

Quizás la aplicación más popular e interesante de aprendizaje automático en los últimos tiempos se encuentre en el campo del análisis de sentimientos. Puede ser cualquier cosa en la línea de cuánto le gustó a la película a un usuario basándose en el análisis de ciertas reseñas o en comprender el estado de ánimo actual de un usuario según el estado de las redes sociales, a ofrecer servicios, productos o aplicaciones relevantes que un usuario pueda usar. .

Un ejemplo común de esta aplicación de este modelo de clasificación basado en el análisis de sentimientos es en soluciones inteligentes automatizadas para el hogar donde ciertas aplicaciones se ejecutan en la puerta de entrada del hogar, como los enrutadores que recopilan datos de dispositivos conectados a WiFi y otros sensores que forman parte del hogar. datos de configuración de automatización, como si la luz está encendida, la temperatura de la habitación, el pronóstico del tiempo para el día, el número de personas en la casa.

Los dispositivos inteligentes utilizan toda esta información para aprender sobre el patrón de uso y las preferencias de todos los usuarios. Los datos así recopilados se pueden esterilizar, limpiar, cargar y luego sondear para obtener diferentes conclusiones útiles que luego se pueden vender a los proveedores de servicios que ofrecen una gama de servicios para mantener la temperatura ambiente en la casa y asegurarse de que existan. es un uso eficiente de la energía para hacer un inventario de todos los artículos en el refrigerador o la despensa y luego notificar a los usuarios sobre el stock. Tal vez incluso pueda dar un paso adelante y sugerir una lista de la compra o hacer pedidos automáticamente y obtener los artículos entregados.

En esta sección, se le dará un código de muestra para un programa de análisis de sentimientos simple que utiliza Python. Para este ejercicio, le sugiero que descargue de Internet una base de datos disponible de su elección. Este ejemplo es el de un volcado de muestra de una revisión de película que se toma y luego se procesa previamente utilizando un guión. Los datos luego se borran de cualquier valor faltante y se convierten a un formato utilizable utilizando el siguiente fragmento de código en Python.

Código de muestra

```
reviews_train = []

para la línea abierta ('../ data / movie_data / full_train.txt', 'r'):

 reviews_train.append (line.strip ())

reviews_test = []
```

para línea en abierto ('../ data / movie_data / full_test.txt', 'r'):

reviews_test.append (line.strip ())

Una vez que se ejecuta el código, el archivo de texto con la revisión se verá así:

"Este no es el cómico Robin Williams, ni el peculiar / loco de la reciente fama del thriller. Este es un híbrido del drama clásico sin dramatización excesiva, mezclado con el nuevo amor de Robin del thriller. Pero esto no es". Este es más un vehículo de misterio / suspenso por el cual Williams intenta localizar a un niño enfermo y su guardián.

 También protagonizada por Sandra Oh y Rory Culkin, este drama de suspenso juega bastante como un reportaje, hasta que el personaje de William se acerca a lograr su objetivo.

 Debo decir que me entretuve mucho, aunque esta película no enseña, guía, inspecciona o divierte. Estaba mirando a un chico (Williams), ya que estaba realizando las acciones, desde la perspectiva de una tercera persona. En otras palabras, se sentía real y pude suscribirme a la premisa de la historia.

 En general, vale la pena un reloj, aunque definitivamente no es la tarifa de la noche del viernes / sábado.

 Tiene una calificación de 7.7 / 10 desde ... <br / >
 el Demonio :. "

Para hacer que estos datos sean utilizables, el siguiente script para el procesamiento de expresiones regulares se puede utilizar para eliminar espacios y obtener los datos necesarios de manera significativa.

Código de muestra

importar re

REPLACE_NO_SPACE = re.compile ("(\.) | (\;) | (\ :) | (\!) | (\ ') | (\?) | (\,) | (\") | (\ ( ) | (\)) | (\ [) | (\]) ")

REPLACE_WITH_SPACE = re.compile ("(<br \ s * /> <br \ s * />) | (\ -) | (\ /)")

Defprocesar preprocesamiento (revisiones):

reviews = [REPLACE_NO_SPACE.sub ("", line.lower ()) para línea en reviews]

reviews = [REPLACE_WITH_SPACE.sub ("", line) para línea en reviews

revisiones de retorno

reviews_train_clean = preprocessning (reviews_train)

reviews_test_clean = preprocessning (reviews_test)

Una vez que ejecute la secuencia de comandos indicada anteriormente en el archivo de datos review.txt, el contenido del nuevo archivo tendrá este aspecto:

"este no es el cómico robin williams ni es el estrafalario loco robin williams de la novela de suspenso más reciente. Este es un híbrido del drama clásico sin una dramatización excesiva mezclada con el nuevo amor del thriller, pero esto no es un thriller en sí. es más un vehículo misterioso de suspenso a través del cual williams intenta localizar a un niño enfermo y su cuidador, también protagonizado por sandra oh y rory culkin. Este drama de suspenso se parece mucho a un reportaje hasta que el personaje de williams se acerca a la consecución de su objetivo. altamente entretenido, aunque esta película no enseña "inspeccionar o entretener a la guía, se sentía más como si estuviera viendo a un chico Williams mientras realizaba las acciones desde una perspectiva de tercera persona. En otras palabras, me sentí real y pude suscribirme a la premisa. De la historia, en general, vale la pena un reloj, aunque definitivamente no es una noche de viernes, sábado por la noche, la tasa es del demonio.

El siguiente paso en este proceso es simplemente convertir todos estos datos a un formato que la máquina pueda leer (un formato numérico). Este proceso de conversión se denomina vectorización. Puede utilizar el código mencionado a continuación para lograr esto.

Código de muestra

```
desde sklearn.feature_extraction.text import CountVectorizer

cv = CountVectorizer (binary = True)

cv.fit (reviews_train_clean)

X = cv.transform (reviews_train_clean)

X_test = cv.transform (reviews_test_clean)
```

La parte del código mencionado anteriormente esencialmente crea una matriz de los datos de revisión. Luego puede alimentar estos datos en un modelo de clasificador y los pasos para construir este modelo se mencionan en esta sección. El modelo de clasificador que se ha optado por esta aplicación se conoce como regresión logística. Esta opción es ideal porque los resultados de salida generados son fáciles de interpretar y todos estos modelos lineales son capaces de funcionar bien incluso cuando se usan conjuntos de datos dispersos. Este modelo también ayuda en una ejecución más rápida que cualquier otro modelo de datos.

Código de muestra

```
desde sklearn.linear_model import  LogisticRegression

desde sklearn.metrics  importer precision_score

de s    klearn.model_selection import train_test_split

target  = [1 si i < 12500  más 0  para i  en rango (25000)]

X_train, X_val, y_train, y_val =  train_test_split (

 X, objetivo, tamaño_capaz  = 0.75

)

para  c  en  [0.01, 0.05, 0.25, 0.5, 1]:

lr  = Regresión logística (C = c)

 lr.fit (X_train, y_train)

 print   ("Precisión    para C =% s: % s"

 % (c, precision_score (y_val, lr.predict (X_val))))

 #  Exactitud para C = 0.01: 0.87472
```

Precisión para C = 0.05: 0.88368

Precisión para C = 0.25: 0.88016

Precisión para C = 0.5: 0.87808

Exactitud para C = 1: 0.87648

Una vez que todos estos datos se hayan regularizado, el siguiente paso es utilizar los datos de revisión para entrenar el modelo de clasificador de regresión logística que ha construido. Use el código mencionado aquí para hacer esto.

Código de muestra

```
final_model = LogisticRegression (C = 0.05)
final_model.fit (X, target)
Imprimir ("Precisión final:% s"
 % precision_score (target, final_model.predict (X_test)))
# Precisión final: 0.88128
```

En el siguiente paso, buscaremos los coeficientes más grandes y más pequeños y, por lo tanto, determinaremos las 5 palabras más discriminatorias en una revisión positiva y negativa.

Código de muestra

```
feature_to_coef = {
 palabra: coef por palabra, coef en zip (
 cv.get_feature_names (), final_model.coef_ [0]
 )
```

}

```
para best_positive en ordenado (
 feature_to_coef.items (),
 clave = lambda  x: x [1],
 Invertir = Verdadero) [: 5]:
 imprimir  (best_positive)
```

('excelente', 0.9288812418118644)

('perfecto',0.7934641227980576)

('genial', 0.675040909917553)

('increíble',0.6160398142631545)

('excelente', 0.6063967799425831)

```
para best_negative en ordenado ( feature_to_coef.items (),
clave = lambda x: x [1]) [: 5]:
 imprimir (best_negative)
```

('peor', -1.367978497228895)

('residuos', -1.1684451288279047)

('horrible', -1.0277001734353677)

('mal', -0.8748317895742782)

('aburrido', -0.8587249740682945)

Esencialmente, esta muestra de clasificador buscará ciertas palabras clave en la revisión que ayudarán a clasificar la revisión como buena o mala. Todas las revisiones que contengan palabras como peor, mal, aburrido, desperdicio, horrible y mala se clasificarán como una crítica negativa. Por otro lado, todos aquellos que contengan palabra como excelente, excelente, perfecta, excelente y sorprendente se clasificarán como una crítica positiva.

Conclusión

Ahora que hemos llegado al final de este libro, espero que el contenido de este libro haya sido útil y le haya dado una ventaja para el aprendizaje automático y la programación con Python. La mejor manera de seguir aprendiendo es comenzar a escribir y practicar el código. Cuanto más practiques, más fácil será. Puede comenzar por tomar enunciados de problemas simples y resolverlos usando los conceptos que se proporcionaron en este libro y siempre que sea posible, intente encontrar una manera de resolver un problema utilizando conceptos más avanzados.

Trate de explorar las diferentes funciones y características de varias bibliotecas incorporadas como SciPy, NumbPy, PyRobotics y paquetes de Interfaz Gráfica de Usuario como wxPython, que puede usar para desarrollar aplicaciones potentes.

Python es un lenguaje de alto nivel orientado a objetos y basado en intérpretes. Todo esto hace que este lenguaje sea fácilmente portátil y extensible. Las bibliotecas incorporadas que ofrece admiten una amplia gama de funciones para admitir la interfaz gráfica de usuario, trabajar con bases de datos, etc.

A estas alturas ya habrías entendido que el aprendizaje automático no es una caja negra llena de términos indescifrables y glifos incomprensibles, y ciertamente no es tan aterrador como su homónimo: el pitón. No es complicado, y es fácil de entender.

Espero que este libro le haya brindado la confianza necesaria para comenzar a programar y diseñar modelos de aprendizaje automático por su cuenta. Aparte del conocimiento, la práctica y la paciencia son los dos rasgos necesarios para convertirse en un programador exitoso.

Quiero agradecerte una vez más por haber comprado este libro y espero que haya sido una lectura agradable. Es hora de comenzar a explorar este lenguaje para desatar el verdadero poder de la programación con la ayuda de todos los conceptos que ha aprendido.

¡Gracias y todo lo mejor!

Referencias

Bienvenido a Python.org. (2019). Obtenido de
   https://www.python.org/www.learnpython.org

(2019). Obtenido de
   http://www.seas.upenn.edu/~cis391/Lectures/python-
   tutorial.pdf

Python 机器 学习 实战 教程 ： 回归. (2019). Obtenido de
   https://www.jianshu.com/p/e6b7a61fd63d

Tutoriales de programación en Python. (2019). Recuperado de
   https://pythonprogramming.net/

Análisis del sentimiento con Python (Parte 1) - Hacia la ciencia de
   datos. (2019). Obtenido de
   https://towardsdatascience.com/sentiment-analysis-with-
   python-part-1-5ce197074184

Clustering jerárquico con Python y Scikit-Learn. (2019). Obtenido
   de https://stackabuse.com/hierarchical-clustering-with-
   python-and-scikit-learn/

K-Means Clustering con scikit-learn. (2019). Obtenido de
   https://www.datacamp.com/community/tutorials/k-means-
   clustering-python

¿árbol de decisiones ?, H., & Hilman, D. (2019). ¿Cómo extraer las

   reglas de decisión de scikit-learn decision-tree ?. Obtenido
   de https://stackoverflow.com/questions/20224526/how-to-
   extract-the-decision-rules-from-scikit-learn-decision-
   tree/30104792#30104792

Ejemplo de Keras LSTM | Secuencia de clasificación binaria -
   InsightsBot.com. (2019). Obtenido de
   http://www.insightsbot.com/blog/1wAqZg/keras-lstm-
   example-sequence-binary-classification

www.ingramcontent.com/pod-product-compliance
Lightning Source LLC
Chambersburg PA
CBHW071150050326
40689CB00011B/2052